Ben Raskin

Community Gardening

Ben Raskin

Community Gardening

Gemeinschaftsgärten aufbauen und pflegen

Übersetzt von Wiebke Krabbe

Haupt
NATUR

Die englische Originalausgabe erschien erstmals 2017 unter dem Titel
The Community Gardening Handbook. Plant & Grow Together.

Erstmals publiziert 2017 in Großbritannien durch Ivy Press (Leaping Hare Press), einem Inprint der Quarto Group
The Old Brewery, 6 Blundell Street
London N7 9BH, United Kingdom

Diese Publikation ist in der Deutschen Nationalbibliografie verzeichnet.
Mehr Informationen dazu finden Sie unter http://dnb.dnb.de.

1. Auflage 2018

Aus dem Englischen übersetzt von Wiebke Krabbe, D-Damlos

Das Buch wurde konzipiert, gestaltet und produziert durch Ivy Press (Leaping Hare Press).
Herausgeberin: Susan Kelly
assistierende Herausgeberin: Jenny Campbell
Kreativdirektor: Michael Whitehead
Redaktionsleitung: Tom Kitch, Monica Perdoni
künstlerischer Leiter: James Lawrence
Designer: Simon Goggin
Illustrator: Thomas Pullin

Der Haupt Verlag wird vom Bundesamt für Kultur mit einem Strukturbeitrag für die Jahre 2016–2020 unterstützt.

ISBN: 978-3-258-08035-2

Printed in China

Um lange Transportwege zu vermeiden, hätten wir dieses Buch gerne in Europa gedruckt. Bei Lizenzausgaben wie diesem Buch entscheidet jedoch der Originalverlag über den Druckort. Der Haupt Verlag kompensiert mit einem freiwilligen Beitrag zum Klimaschutz die durch den Transport verursachten CO_2-Emissionen und verwendet nachhaltiges FSC-Papier.

Swiss Climate CO_2neutral Transport

FSC www.fsc.org MIX Papier aus verantwortungsvollen Quellen FSC® C001701

Wünschen Sie regelmäßig Informationen über unsere neuen Titel im Bereich Garten und Natur? Möchten Sie uns zu einem Buch ein Feedback geben? Haben Sie Anregungen für unser Programm? Dann besuchen Sie uns im Internet auf **www.haupt.ch**. Dort finden Sie aktuelle Informationen zu unseren Neuerscheinungen und können unseren Newsletter abonnieren.

Inhalt

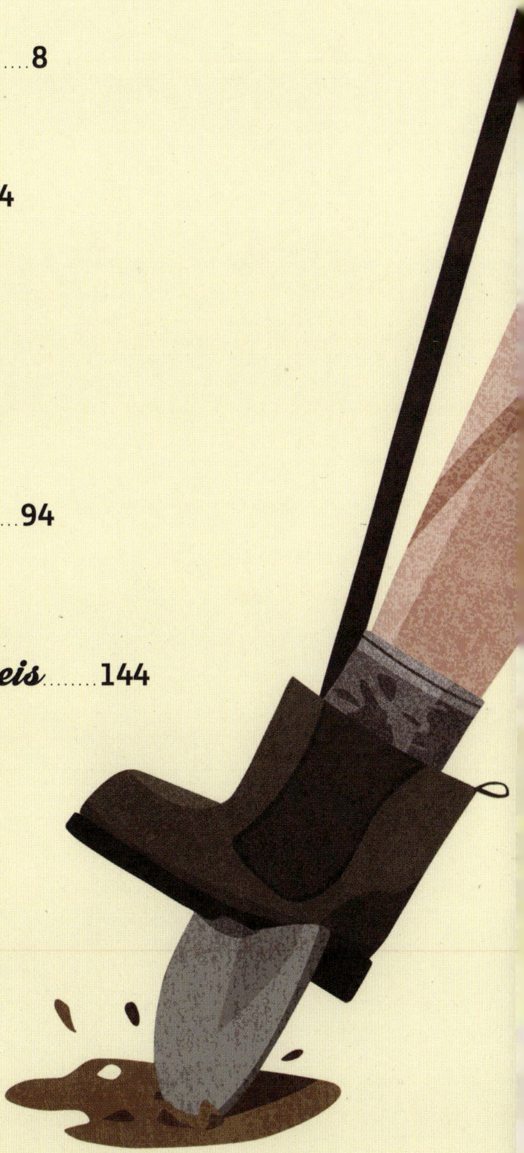

VORWORT

Ein Garten ist nicht nur nützlich. Wenn die Menschen lediglich Nahrung bräuchten, würden sie weder Blumen pflanzen noch Bänke in den Garten stellen. Das Gärtnern an der frischen Luft tut dem Körper gut und stärkt den Vitamin-D-Haushalt. Geist und Seele profitieren vom meditativen Charakter der Gartenarbeit und vom Kontakt mit der Natur. Manche Gemeinschaftsgärten dienen hauptsächlich dem Nutzpflanzenanbau und der Geselligkeit. Bei anderen spielen auch Bildung oder therapeutische Aspekte eine Rolle.

Warum tut Gartenarbeit so gut? Weil sie anspruchsvoll ist, obwohl sich viele Handgriffe wiederholen. Beim Jäten kann man seinen Gedanken nachhängen, doch gute Erträge erfordern Wissen und Planung. Bewegung an der frischen Luft ist gerade für Menschen mit sitzenden Berufen wichtig. Der Garten kann als Rückzugsort dienen, wenn man Ruhe und Platz für sich allein braucht, andererseits findet man in Gemeinschaftsgärten auch Gleichgesinnte, mit denen man sich austauschen kann. Ob Einsteiger oder Experte, ob zurückhaltend oder gesellig: Ein Garten hat für jeden etwas zu bieten.

Bezug zur Natur

Wir alle lassen uns gern von der Natur faszinieren. Nicht jeder kann in den Dschungel oder die Wüste reisen, aber auch im Garten kann man eine enge und persönliche Beziehung zur Natur aufbauen. Es ist ungemein befriedigend, Saat keimen zu sehen, Pflanzen zu pflegen und mitzuerleben, wie sie gedeihen und schließlich wieder Samen bilden. Ich gärtnere seit über 20 Jahren und finde es noch immer aufregend, wenn das erste Grün aus dem Boden sprießt.

Gärtnern tut gut

Seit Jahrhunderten wissen wir, dass es wohltuend ist, mit den Händen in der Erde zu arbeiten. Inzwischen gibt es erste wissenschaftliche Belege, dass Gartenarbeit die Stimmung hebt. Ich erinnere mich an einen freiwilligen Helfer, der im Gemeinschaftsgarten Ausgleich für seinen stressigen Beruf suchte und meinte: «Wenn ich die Finger in die Erde stecke, komme ich zur Ruhe.»

Neben all diesen Vorteilen liefert ein Garten natürlich auch Obst und Gemüse – und das schmeckt viel besser, wenn man es selbst anbaut und mit guten Freunden verzehrt.

Kapitel Eins

Beispielhafte Gemeinschaftsgärten

Im ersten Kapitel schauen wir uns eine Auswahl ganz unterschiedlicher Gemeinschaftsgärten an. Die Beispiele aus verschiedenen Ländern zeigen, wie Menschen aus dem Nichts eine grüne Oase geschaffen haben, die sie gemeinsam mit anderen pflegen und genießen. Die Bandbreite reicht vom nächtlichen Guerilla-Gardening bis zu kommunal unterstützten Projekten. Sie alle können dabei helfen, für eigene Pläne die richtige Herangehensweise zu finden und die richtigen Vorüberlegungen anzustellen.

Sie werden in diesem Kapitel viele Ideen und Anregungen finden, selbst wenn Sie nur einen handtuchgroßen Vorgarten haben oder das ungenutzte Gelände hinter der Kirche urbar machen wollen. Alles ist möglich, man muss nur wollen. Es geht sogar ganz ohne Garten, wenn man bei der Schaffung von Pflanzfläche nur kreativ genug ist.

EINE EIGENE PARZELLE

Für alle, die keinen Garten haben und dennoch Obst und Gemüse ernten möchten, besteht eine naheliegende Lösung darin, sich nach einem Kleingarten umzusehen. In größeren Städten ist dies oft die einzige Option. Kleingarten- oder Schrebergartenkolonien gibt es in vielen Orten. Mit einer Internetrecherche lässt sich meistens einfach klären, welche Bedingungen zur Anmietung einer solchen Parzelle erfüllt werden müssen.

Das Gelände, auf dem sich Kleingartenkolonien befinden, gehört meist der Gemeinde. Es gibt aber auch Organisationen und Einzelpersonen, die Gartenparzellen an Menschen verpachten, die ihren Eigenbedarf mit der Ernte decken wollen. Das Gelände meines Gemeinschaftsgartens gehört einer bekannten Privatschule, die etwa 120 Kilometer von meinem Wohnort entfernt liegt.

Viele Kleingartenkolonien sind als Verein organisiert. Die Nutzer müssen ihre Parzellen in Ordnung halten, Unkraut beseitigen, den Rasen mähen und meist auch weitere Regeln einhalten, die von Kolonie zu Kolonie variieren. In manchen ist die Pflanzung von Obstbäumen reglementiert, in anderen der Verkauf der Erträge von der Parzelle verboten.

VOR- UND NACHTEILE EINES KLEINGARTENS

VORTEILE
- Eine funktionierende Gemeinschaft besteht bereits – Sie brauchen sich ihr nur anzuschließen.
- Im Rahmen der Regeln können Sie pflanzen, was Sie wollen, und brauchen keine Rücksicht auf die Vorlieben anderer zu nehmen.
- Sie können die Vorzüge der Gemeinschaft genießen, ohne Verantwortung zu übernehmen.
- Eine Wasserversorgung ist meist vorhanden, Schuppen oder Gewächshäuser sind oft erlaubt.

NACHTEILE
- Bei längerer Abwesenheit müssen Sie jemanden beauftragen, der erntet, bewässert oder mäht.
- In dicht besiedelten Regionen gibt es oft Wartelisten.
- Die Entfernung zwischen dem Kleingarten und der eigenen Wohnung kann groß sein.

Pagalino

DEUTSCHLAND

Pagalino (Palettengarten Linden Nord) wurde im Mai 2012 hinter dem Freizeitheim Linden gegründet und verfügt über einen offenen Gemeinschaftsbereich als Treffpunkt für alle.

Hannover wird oft als «Stadt der Gärten» bezeichnet, denn Kleingartenkolonien nehmen fast fünf Prozent der Gesamtfläche der Stadt ein. Sie werden von städtischen Behörden verwaltet und normalerweise auf unbefristete Zeit verpachtet. Bemerkenswert ist, dass die Stadt den sozialen und kulturellen Wert dieser Anlagen in vollem Umfang anerkennt. Es gibt erste Überlegungen, diese Kolonien durch öffentliche Grünanlagen so miteinander zu verbinden, dass ein geschlossenes Netzwerk von Gärten entsteht. Viele Kleingartenkolonien sind in Dachverbänden oder anderen Körperschaften organisiert, die bei der Organisation von Workshops und Seminaren helfen.

Workshops, Wettbewerbe, Sommerfeste, Gartenführungen oder Projekte wie die Entwicklung und der Bau einer begehbaren Skulptur als multifunktionalem Raum sollen das Gemeinschaftsgefühl der Nutzer stärken.

PARZELLEN MIT MEHRWERT

Die meisten Menschen sind soziale Wesen. Wir schätzen die meditative Ruhe zwischen den Kürbissen ebenso sehr wie die Interaktion mit anderen. In Gemeinschaftsgärten findet ständig eine Art inoffizieller Zusammenarbeit statt: Mal plaudert man mit den Nachbarn über Anbautechniken, mal braucht man jemanden, der als «Urlaubsvertretung» das Gewächshaus lüftet oder die Pflanzen gießt. Durch diese Zusammenarbeit kann man Zeit und Kosten sparen, aber vor allem macht die Gartenarbeit mehr Spaß.

Es gibt viele Formen der Kooperation. Wenn sich mehrere Gärtner zusammentun, können sie Saatgut oder Düngemittel preisgünstiger einkaufen. Manche Gemeinschaften gründen einen Verein, organisieren Ausflüge in Schau- und Lehrgärten oder laden Referenten ein. Einer meiner Freunde hat sich gemeinsam mit fünf Mitgärtnern Hühner angeschafft. Jedem gehört ein Huhn, aber alle kümmern sich um deren Versorgung, damit jeder problemlos in die Ferien verreisen kann. Nur das gelegentliche Großreinemachen wird gemeinsam erledigt. Das Gemeinschaftsprojekt hat die Freundschaft gestärkt, und wenn sich die Gärtner treffen, unterhalten sie sich oft über Pflege und Gesundheit der Hühner.

Manche Kleingartengemeinschaften überlegen sich gezielt solche Gemeinschaftsprojekte, um die Zusammenarbeit der Nutzer zu fördern und dadurch das Gemeinschaftsgefühl zu stärken.

Ökologische Farm INEA

SPANIEN

Die Stadtverwaltung von Valladolid (Spanien) hat ein großes Gelände mit 430 Parzellen speziell für ältere Bewohner zur Verfügung gestellt. Es soll ihnen die Möglichkeit bieten, sich an der frischen Luft zu bewegen und Gleichgesinnte zu treffen. Ein «Mentor» berät die Nutzer, hilft bei schweren Arbeiten und hat ein Auge auf Gärtner, die mit Problemen zu kämpfen haben. Der Mentor kümmert sich außerdem um Motorhacken, Rasenmäher und andere Maschinen, die die Nutzer günstig mieten können. Das ist praktisch, denn solche Maschinen sind teuer, und es ist nicht ungefährlich, sie im Schuppen zu lagern. Saatgut und Mate-

Jedem Nutzer steht eine Fläche von 15 m² für den biologischen Anbau zur Verfügung. Das Projekt richtet sich an ältere Bürger und hat dazu geführt, dass diese sich stärker ins soziale Leben der Stadt einbringen.

Die Anlage liefert den Gärtnern nicht nur schmackhafte Erträge, sondern wird auch gern als Erholungsort im Grünen genutzt.

rialien werden günstig in großen Mengen eingekauft. Die Kolonie befindet sich auf dem Gelände des INEA (Instituto Nevares de Empresarios Agrarios/Nevares-Institut für landwirtschaftliche Unternehmen). Das Institut bietet zahlreiche Kurse an, die auch die Kleingartenbesitzer besuchen können, um so ihr Wissen zu erweitern.

Die Kleingärtner sind stolz darauf, dass ihre Anlage ein Mehrgenerationenprojekt ist. Oft sieht man Großeltern, die gemeinsam mit den Enkeln die Beete bestellen und dabei Wissen und Begeisterung an die junge Generation weitergeben. Die Nutzer treffen sich häufig zum gemeinsamen zwanglosen Essen, und jährlich findet am 15. Mai ein großes Fest mit Essen und Tanz statt.

Wer reichlich erntet, gibt den Nachbarn etwas ab. Außerdem haben die Kleingärtner in den letzten Jahren begonnen, ihre überschüssigen Erträge armen und eingewanderten Familien in Valladolid zu spenden. Im September veranstalten sie einen Markt, dessen Gewinn Entwicklungsprojekten in Südamerika und Afrika zugutekommt.

GETEILTE VERANTWORTUNG

Nicht jedem liegt es, sich allein um einen Garten zu kümmern. Es gibt aber auch Konzepte, in denen sich die ganze Gemeinschaft um die komplette Anlage kümmert. So werden Arbeit, Verantwortung und Erträge auf viele Schultern verteilt. In solchen Fällen ist das Ergebnis oft viel mehr als die Summe seiner einzelnen Teile.

Die Größe eines gemeinschaftlich bewirtschafteten Gartens richtet sich nach der Fläche, die zur Verfügung steht. Größer ist aber nicht unbedingt besser. Es gibt wunderbare Gemeinschaftsgärten, die in kleinen Städten in ungenutzten Winkeln oder auf ehemaligen Kirchhöfen entstanden sind. Kleine Anlagen erfordern sorgfältige Planung. Die Erträge mögen sich in Grenzen halten, aber ihr sozialer Wert kann umso größer sein.

Individuelle Mitarbeit

Gemeinschaftsgärten bieten einen guten Rahmen für regelmäßige soziale Interaktion. Ihre Nutzer entwickeln oft ein bemerkenswertes Pflichtgefühl und arbeiten zuverlässig auch dann mit, wenn das Wetter unfreundlich ist. Wenn Menschen sich zusammentun, können sie viel bewegen. Arbeiten wie die Ernte von Kürbissen oder Kartoffeln, für die eine oder zwei Personen mehrere Tage brauchen können, sind mit vielen freiwilligen Helfern im Handumdrehen erledigt. Meist sind genügend Personen verfügbar, die das regelmäßige Gießen oder Ernten übernehmen. Andere Gärtner, die nicht so häufig vor Ort sein können, tragen ihren Teil bei, indem sie bei größeren Arbeitseinsätzen mit anpacken.

Jede Kirche verfügt über eine Gemeinde, und diese zugleich praktische und spirituelle Gemeinschaft kann ein guter Verbündeter bei der Gründung eines Gemeinschaftsgartens sein. Die Northcote Baptist Church betreibt im australischen Victoria den Sunnyfields Community Garden. Er wurde 2013 von der Cultivating Community gegründet und hat das Ziel, wenigverdienenden Bürgern verschiedenster Herkunft eine faire, sichere und beständige Nahrungsquelle zu bieten. Freiwillige, darunter nicht nur Angehörige der Kirchengemeinde, haben die Anlage auf dem Gelände einer ehemaligen Gärtnerei geschaffen. Das Gelände ist nicht groß, aber geräumig genug für 22 Hochbeete von je 1,2 m^2 Fläche.

Viele der Ortsansässigen, für die das Gelände angelegt worden ist, hatten nie zuvor einen eigenen Garten besessen. Gerade darum wird der Sunnyfields Community Garden von seinen Nutzern hoch geschätzt. Sie werten die relativ kleine Anlage auf, indem sie Events und Workshops organisieren, damit möglichst viele Menschen maximalen Nutzen aus dem Gemeinschaftsgarten ziehen können.

In Sunnyfields werden Tage der offenen Tür und andere Events veranstaltet, um die Bewohner des Viertels einzubeziehen.

Nach der Gründung des Projekts taten sich Gemeindemitglieder und Freiwillige zusammen, um das Gelände in einer Großaktion vorzubereiten. Danach konnten die ersten Gärtner einziehen.

OBST FÜR ALLE

Eine Obstwiese eignet sich besonders gut als Gemeinschaftsprojekt, weil sie relativ wenig Zeit erfordert. Regelmäßige Arbeit fällt kaum an, und die wenigen größeren Aktionen wie Rückschnitt und Ernte lassen sich gut als vergnügliche «Arbeitsparty» gestalten. Da es bei diesen Maßnahmen nicht auf den Tag ankommt, lässt sich meist ein Termin finden, an dem sich viele Helfer einfinden können.

Die Anlage einer Obstwiese erfordert eine Menge Arbeit, die sich aber gemeinsam gut bewältigen lässt. Wenn viele Bäume vorhanden sind, können auch Ernte, Rückschnitt und Entsaften einige Zeit in Anspruch nehmen. Zu anderen Zeiten ist wenig zu tun. Bäume brauchen beispielsweise nicht täglich bewässert zu werden, und wenn sie erst kräftig genug sind, macht ihnen Unkraut nichts mehr aus. Im Winter fällt außer dem Rückschnitt keine Arbeit an. Das schätzen alle, die bei schlechtem Wetter lieber drinnen bleiben.

Obstwiesen sind auch wegen ihres Erholungswerts sehr beliebt. Kinder können hier ungestört spielen, und der Schatten der Bäume lädt zum Picknicken ein. Manche Gemeinschafts-Obstgärten verfügen sogar über spezielle Bereiche zum Spielen, Lesen, Plaudern oder Musizieren.

Manche Menschen entwickeln eine besondere Beziehung zu Bäumen. Es ist ungemein befriedigend, einen Baum zu pflanzen und sein Wachstum zu beobachten und nach einigen Jahren die ersten Früchte zu ernten. Gerade Obstbäume sind zur Blütezeit im Frühling und zur Erntezeit im Herbst hinreißend. Im Westen der USA wird noch der alte Brauch gepflegt, am Dreikönigstag auf das Wohl der Apfelbäume anzustoßen – auf dass sie gesund bleiben und im kommenden Jahr eine reiche Ernte bringen.

PRAKTISCHE ÜBERLEGUNGEN

- Welche Obstsorten? Die Bekämpfung von Krankheiten und Schädlingen, passenden Bestäubern und Erntezeiten müssen durchdacht werden. Es empfiehlt sich, dazu eine Fachperson zu befragen. Am besten lassen Sie sich in der Baumschule beraten, in der Sie die Bäume kaufen.
- Wie hoch werden die Erträge sein? Wenn mehr Obst und Früchte geerntet als frisch verbraucht werden, können später Kosten für Kauf oder Miete von Zubehör zur Saftherstellung anfallen.
- Reicht der Platz aus? Riesige Flächen sind nicht nötig, aber Bäume brauchen doch deutlich mehr Platz als Gemüse. Dennoch können selbst auf einer kleinen Fläche einige Bäume gedeihen.

Das Philadelphia Orchard Project arbeitet mit verschiedenen Partnern und Organisationen zusammen und hat seit seiner Gründung an der Pflanzung von mehr als 1000 Obstbäumen im Stadtgebiet mitgewirkt.

Philadelphia Orchard Project

USA

Das Projekt möchte dazu beitragen, dass möglichst viele Bewohner frische Äpfel, Weintrauben, Birnen und andere Früchte ernten können.

Dieses Projekt geht zurück auf William Penn, den Gründer von Philadelphia. Er hatte die Vision, eine grüne Stadt zu schaffen, die sich grundlegend von den verschmutzten Städten des damaligen Europa unterschied. Das Philadelphia Orchard Project (POP) will ungenutzte Flächen mit Obstbäumen bepflanzen, um Mitbürgern ohne eigenen Garten Zugang zu frischem Obst zu verschaffen.

POP ist eigentlich eine Dachorganisation, die mit den Gärtnergemeinschaften zusammenarbeitet. Sie unterstützt bei der Planung, der Beschaffung der Bäume, der Organisation von Veranstaltungen und vermittelt Know-how (beispielsweise über das Beschneiden). Jede Gemeinschaft ist jedoch für den von ihr bewirtschafteten Obstgarten, die Pflege, die Ernte und Verwertung der Erträge selber verantwortlich.

Seit der Gründung im Jahr 2007 hat POP an der Anlage von 38 Obstgärten mitgewirkt; die Organisation betreut zurzeit 53 Obstgärten im Stadtgebiet. Das Projekt arbeitet mit Schulen, Kirchen und bestehenden Gartengemeinschaften zusammen.

TIERE IM GEMEINSCHAFTSGARTEN

Es kann durchaus Vorteile haben, Tiere in einem Gemeinschaftsgarten zu halten. Sie liefern Produkte, fressen Unkraut und produzieren Dünger. So verlockend der Gedanke sein mag: Tiere bringen Arbeit und Verantwortung mit sich, die man nicht auf die leichte Schulter nehmen darf. Die folgenden Überlegungen sollten Sie vor der Anschaffung von Tieren unbedingt anstellen.

Vorzüge der Tierhaltung

- Nutztiere liefern Eier, Milch oder Fleisch – und das in guter, schmackhafter Qualität und für relativ geringe Kosten.
- Der Erhalt der Bodenfruchtbarkeit ist ein wichtiges Thema, und in Stadtgärten muss man oft Kompost und Stallmist kaufen, um den Boden zu verbessern. Tiere, die Gras fressen, geben dem Boden einen Teil der Nährstoffe zurück.
- Tiere helfen bei der Unkrautbekämpfung. Schweine wühlen tief wurzelnde Unkräuter aus dem Boden, Hühner bevorzugen Unkraut mit weicheren Blättern.
- Manche Tiere sind gute Schädlingsbekämpfer. Hühner fressen schädliche Insekten, Enten lieben Nacktschnecken.
- Viele Küchenabfälle und Speisereste können an Tiere verfüttert werden. Wichtig ist allerdings, dass die jeweiligen Reste für die Tierart verträglich sind. Die Fütterung muss so erfolgen, dass keine Ratten oder andere Schädlinge angelockt werden.
- Tiere können unterhaltsam sein und dafür sorgen, dass man sich im Gemeinschaftsgarten noch wohler fühlt. Sie sind außerdem familienfreundlich, denn Kinder beschäftigen sich gern stundenlang mit den Tieren – und die Erwachsenen gewinnen Zeit für die Gartenarbeit.
- Die Versorgung von Tieren kann für Menschen mit geistigen Behinderungen therapeutischen Wert haben. Ebenso kann er bei Kindern mit dem ADS-Syndrom die Konzentrationsfähigkeit und das Sozialverhalten verbessern.

Bitte bedenken

- Erkundigen Sie sich bei der zuständigen Behörde, ob in Ihrer Anlage die Tierhaltung erlaubt ist. Nehmen Sie Rücksicht auf Allergiker, Vegetarier und Veganer, falls die Tiere oder ihre Produkte gegessen werden sollen.
- Im Vergleich zum Gemüseanbau erfordert die Tierhaltung ein deutlich höheres Maß an Verantwortungsbewusstsein. Bekommt Salat einen Tag lang kein Wasser, welkt er. Ein Huhn ohne Wasser kann hingegen sterben.
- Tierhaltung kostet viel Zeit. Die meisten Tiere müssen zweimal täglich Futter und Wasser bekommen. Das gelingt nur mit einem Plan, der konsequent eingehalten wird. Im Idealfall ist immer jemand vor Ort, um schnell zu handeln, falls ein Tier krank wird oder ausbricht.
- Sauberes Trinkwasser ist unerlässlich; größere Tiere wie Schweine oder Rinder brauchen viel davon! Es kann schwierig sein, täglich große Wassermengen herbeizuschaffen.
- Informieren Sie sich über typische Krankheiten Ihrer Tiere. Suchen Sie einen Tierarzt, den Sie im Krankheitsfall anrufen können, und legen Sie genug Geld für eventuelle Tierarztkosten beiseite.
- Geben Sie Tieren, die geschlachtet werden sollen, keinen Namen. Selbst begeisterte Fleischesser tun sich oft schwer damit, ein Tier zu verzehren, das sie selbst aufgezogen haben. Der Gedanke an die besonders gute Qualität ist schnell vergessen, wenn geschlachtet werden soll.

Brook Park Chickens, gegründet von Lily Kesselman, besitzt momentan 15 Hühner, die von Freiwilligen versorgt werden. Hier sind Schülerinnen aus New York mit der Arbeit im Hühnerauslauf beschäftigt.

Brook Park Chickens

USA

Innerhalb des Gemeinschaftsgarten Friends of Brook Park in der südlichen Bronx in New York City haben einige Familien Brook Park Chickens gegründet, weil sie gern frische Freilandeier essen und Freude an der Hühnerhaltung haben. Die Mitglieder der Gruppe wechseln sich bei der Versorgung der Hühner ab, lernen dabei viel über die Haltung und wissen, woher ihre Nahrung kommt. Sie bieten Kurse an, damit mehr Menschen ein bisschen Landwirtschaft in der Metropole treiben können. Für Schulen und für private und öffentliche Gruppen werden kostenlose Führungen durch Hühnerhof und Garten veranstaltet.

Hühner fressen sehr gerne Küchenabfälle. Das ist nützlich, weil so keine Nahrungsmittel verschwendet werden. Hühner «bedanken» sich für die gute Ernährung mit frischen Eiern.

- Selbst wenn sich immer Menschen im Garten aufhalten, haben Tiere gern Artgenossen um sich. Halten Sie Tiere mindestens zu zweit.
- Wenn Tiere nicht ausbrechen oder das Gemüse fressen sollen, müssen Zäune her. Praktisch sind solarbetriebene Elektrozäune.
- Tiere brauchen einen Stall, in dem sie geschützt sind. Auch nachts oder wenn keine Menschen im Garten sind, darf ihnen keine Gefahr drohen.
- Der Stall muss ausreichend groß sein.

IN GRÖSSEREM STIL

Viele Gemeinschaftsgärten wollen nicht mehr sein als ein Ort, an dem Menschen miteinander gärtnern. Es gibt aber Möglichkeiten, das Konzept zu erweitern, um damit Geld zu verdienen, ohne die entscheidenden Vorzüge der Gemeinschaft einzubüßen. In manchen Fällen entscheiden sich die Betreiber für das traditionelle System, in dem der Erzeuger das Risiko allein trägt. Häufig wird aber das Prinzip der solidarischen Landwirtschaft bevorzugt.

Der Grundgedanke der solidarischen Landwirtschaft oder CSA (Community Supported Agriculture) ist, dass Erzeuger und Verbraucher Risiko und Ertrag miteinander teilen. Im Zentrum der Organisation steht eine Voll- oder Nebenerwerbslandwirtschaft, die von den Mitgliedern finanziert wird.

Durch eine faire, saisonunabhängige Bezahlung sorgt die Gemeinschaft für eine beständige Versorgung und sichert die Existenz des Erzeugers. Dadurch unterscheidet sie sich vom traditionellen System, in dem Gewinn und Verlust vom Ertrag der Ernte abhängig sind.

Solidarische Landwirtschaft

In manchen Ländern gelten feste Regeln für die solidarische Landwirtschaft. Beispiele sind die Tekei-Partnerschaften in Japan oder die AMAP-Betriebe in Frankreich. In anderen Ländern bestehen verschiedene Organisations- und Vertriebsmodelle nebeneinander. Es gibt jedoch einige grundsätzliche Gemeinsamkeiten.

- Mitglieder müssen häufig eine Aufnahmegebühr bezahlen und bei Beendigung der Mitgliedschaft eine Kündigungsfrist einhalten.
- Die Ware wird nicht nach Gewicht/Stück bezahlt. Stattdessen wird gegen einen festen monatlichen Betrag ein Anteil des Ertrags geliefert. Das kann bedeuten, dass die Lieferungen im Frühjahr geringer ausfallen als zur Haupterntezeit. Auf die Zusammensetzung der Lieferung haben die Mitglieder wenig Einfluss.
- Manche Organisationen verlangen von ihren Mitgliedern regelmäßige Mitarbeit, meist auf dem Feld.
- Die meisten Organisationen bieten soziale und produktionsbezogene Gemeinschaftsveranstaltungen an.
- Manche Organisationen verwenden nur eigene Produkte und pausieren in Monaten, in denen nichts zu ernten ist.

Soziale Landwirtschaft ist ein größeres Unterfangen als ein Gemeinschaftsgarten auf freiwilliger Basis. Es muss genug Land zur Verfugung stehen, um die Mitglieder mit Gemüse zu versorgen, und für die Bewirtschaftung – selbst als Nebenerwerbslandwirtschaft – muss Geld aufgebracht werden. Riesige Ländereien sind aber nicht erforderlich. Für eine Organisation mit etwa 30 Mitgliedern genügen wenige Hektaren.

Katori City CSA

JAPAN

Um dem Landwirt ganzjährig ein regelmäßiges Einkommen zu sichern, werden die Verbraucher dazu angeregt, saisonale Produkte aus der Region zu bevorzugen. Beim Besuch des Landwirtschaftsbetriebs werden die Gründe für die empfohlene Änderung der Essgewohnheiten verständlich.

Die Katori City CSA in der japanischen Stadt Chiba setzt auf natürliche Landwirtschaft (Shumei). Fünf Landwirte bauen auf 16,5 ha Reis und auf weiteren 6,9 ha Gemüse für 103 Familien an. Keiko Domae beobachtete 1998, dass der Landwirt Osamu Yoshino Probleme hatte, seine Erzeugnisse zu verkaufen. Gemeinsam mit Freunden kaufte sie wöchentlich eine Auswahl Gemüse – was immer gerade verfügbar war. Die Abnehmer halfen beim Verpacken und übernahmen bald auch Arbeiten im landwirtschaftlichen Betrieb. Als sich die Beziehung vertiefte, begannen sie, regelmäßig gemeinsam zu essen. Inzwischen werden zu diesen Essen Gäste eingeladen, um das Konzept besser bekannt zu machen.

Auf Anraten des örtlichen Shumei-Zentrums verzichtet Landwirt Osamu Yoshino auf Herbizide und andere Chemikalien und betreibt auf seinen 2 Hektar Land «natürliche Landwirtschaft».

KEIN LAND?
KEIN PROBLEM!

Vielen Menschen, vor allem Stadtbewohnern, erscheint der Traum vom Garten unerfüllbar. Dabei gibt es selbst in dicht bebauten Großstädten ungenutzte Flächen mit Gras oder Sträuchern, deren Instandhaltung die Gemeinde Geld kostet. Darum werden auf den nächsten Seiten Beispiele vorgestellt, wie einfallsreiche Menschen einen «Garten» angelegt haben, ohne dafür Land zu kaufen oder zu pachten.

Dachgärten

Zwischen den vielen Gebäuden in Städten ist es meist schattig. Es ist nicht einfach, ein Stück Land zu finden, das nicht von Gebäuden umgeben ist und ausreichend Licht bekommt. Um eine Lösung finden, braucht man nur den Blick vom Boden zu lösen: Flachdächer liegen fast ganztags in der Sonne.

Richtig planen

Wer die Anlage eines Dachgartens plant, sollte die folgenden Aspekte bedenken.

Wind: Ein Dachgarten liegt zwar nicht im Schatten von Nachbargebäuden, aber je höher er liegt, desto stärker ist er dem Wind ausgesetzt. Darum ist es nötig, die Pflanzen zu schützen. Besonders empfehlenswert sind halb durchlässige Lösungen, etwa Spaliere oder Hecken, die den Wind brechen und verlangsamen. Undurchlässige Zäune verändern die Richtung des Luftstroms, wodurch es zu Verwirbelungen kommen kann, die den Pflanzen womöglich schaden. Außerdem müssen alle Elemente eines Dachgartens solide und gut befestigt sein, damit der Wind nichts vom Dach fegen kann. Sie wollen ja nicht, dass ahnungslose Passanten verletzt werden.

Wasser: Die Pflanzen in einem Dachgarten müssen häufig bewässert werden, weil Sonne und Wind das Substrat schnell austrocknen. Ein Schlauchanschluss mit ausreichendem Wasserdruck sollte vorhanden sein, anderenfalls ist die Bewässerung schwierig.

Zugang: Kübel, Substrat oder Baumaterial für Hochbeete müssen aufs Dach befördert werden. Das kann besonders in der Aufbauphase mühsam sein. Wenn möglich, empfiehlt es sich, ein Gerüst oder einen Flaschenzug zu verwenden.

Stabilität des Dachs: Bevor ein Dachgarten neu angelegt wird, sollte unbedingt ein Fachmann die Tragfähigkeit des Dachs prüfen. Er kann auch Auskunft zu möglichen Verstärkungsmaßnahmen geben. Ein Geländer oder eine andere Absturzsicherung ist generell empfehlenswert und in manchen Ländern sogar vorgeschrieben.

Le Jardin sur le Toit ist eine grüne Oase mitten in der Stadt, wo sich Nachbarn treffen, um zu plaudern, soziale Kontakte zu pflegen und die Natur zu genießen.

Le Jardin sur le Toit

FRANKREICH

Seit den 1990er-Jahren hat in Paris eine grüne Revolution stattgefunden. Auf fast vier Hektar Land, die teilweise von der Stadtverwaltung zur Verfügung gestellt wurden, sind 96 Gemeinschaftsgärten entstanden. Zu den schönsten gehört der Jardin sur le Toit (Der Garten auf dem Dach), der von der Association Arfog-Lafayette betrieben wird.

In diesem öffentlichen, 600 m^2 großen Garten mit Blumen, Gemüse und Kräutern werden Workshops für Kinder und Erwachsene angeboten. Anwohner treffen sich hier, um sich auszutauschen, etwas über den Gartenbau zu lernen und in der Großstadt ein Stück Natur zu genießen. Die ehemalige Chefgärtnerin Françoise Spuhler hält Gemeinschaftsgärten in der Stadt für wichtig, weil sie «… Pflanzfläche zur Verfügung stellen, durch künstlerische und kreative Aktivitäten das kulturelle Leben bereichern und überdies therapeutisch wirken können».

Der Garten liegt auf dem Dach des Gymnase de Vignoles im 20. Arrondissement von Paris und verfügt über 17 bepflanzte Beete.

In Großstädten bieten Gemeinschaftsgärten Bürgern ohne eigenes Grundstück die Möglichkeit, Kräuter, Obst, Gemüse und Blumen zu pflanzen.

GÄRTEN AUF ZEIT

In Stadtgebieten ist es schwierig, Flächen für dauerhafte Gärten zu finden. Es lohnt sich aber, nach ruhenden Baustellen Ausschau zu halten. Manche Bauunternehmen sind bereit, die vorübergehende Nutzung zu genehmigen, wenn die Pflanzbehälter bei Aufnahme der Bauarbeiten wieder entfernt werden. Letztlich profitieren sie davon, denn die Gärtner halten ein Auge auf das Gelände, zahlen vielleicht eine geringe Pacht, und der Gemeinschaftsgarten ist für die Baufirma eine gute Publicity.

Containergärten

Pflanzbehälter kann man fast überall aufstellen, sie können nahezu beliebig groß sein und eignen sich für die unterschiedlichsten Pflanzen. Der einzige Nachteil besteht darin, dass keine langfristige Sicherheit besteht. Bauvorhaben und Pachtfristen können kurzfristig geändert werden. Darum sollten solche Gärten so konzipiert sein, dass sie ohne übermäßig großen Aufwand umziehen können.

Paletten-Hochbeete: Paletten werden mit einem Gabelstapler transportiert, müssen also stabil sein. Ein Hochbeet mit einer Palette als Unterbau kann einfach an einen anderen Platz befördert werden.

Baustoffsäcke: In solchen Säcken wird beispielsweise Bausand oder Kies angeliefert. Füllt man sie zu 80 % mit Substrat, kann man sie bepflanzen. Weil sie aus feinem Kunststoffgewebe bestehen, kann überschüssiges Wasser gut abfließen. Die Säcke sind stabil und haben Henkel, an denen sie im Fall eines Umzugs angehoben werden können.

Bauschuttcontainer: In King's Cross (London) haben Gartengemeinschaften ihre Pflanzen in große, offene Bauschuttcontainer gepflanzt. Falls ein Umzug ansteht, können diese Container einfach auf einen LKW gezogen werden.

Anhänger: Ein Beet, das direkt in einem flachen Anhänger angelegt wird, kann jederzeit umziehen. Der Anhänger muss stabil genug sein, um das Gewicht des Substrats zu tragen. Anschaffung und Anlage können teurer sein als andere temporäre Gärten, dafür ist ein Umzug einfach und kostet wenig.

PRAKTISCHE ERWÄGUNGEN

Alle diese Lösungen bieten Pflanzfläche ohne Garten im engeren Sinne, werfen aber auch einige praktische und finanzielle Fragen auf, die der Verwirklichung im Weg stehen können.

- Selbst große Behälter müssen bewässert werden. Steht kein Leitungswasser zur Verfügung, muss das Regenwasser von Gebäuden in der Nähe aufgefangen werden.
- Baustoffsäcke und Paletten sind für wenig Geld zu bekommen. Andere große Behälter und Bauschuttcontainer sind teuer, halten aber viele Jahre.
- Wenn der Gartengemeinschaft kein Gabelstapler oder LKW zur Verfügung steht, muss im Fall eines Umzugs ein Unternehmen beauftragt werden. Dadurch entstehen Kosten.
- In große Container passt viel Substrat, das in den meisten Fällen gekauft werden muss.

Annechien Meier

NIEDERLANDE

Seit 2006 sind Meiers «mobile Volksgärten» unterwegs. Die Nutzergemeinschaften bestimmen selbst, was sie im Anhänger anpflanzen wollen.

Meiers mobile Gärten wechseln häufig den Standort und wecken dadurch ein Bewusstsein dafür, dass mehr dauerhafte Gartenflächen in der Stadt wünschenswert wären.

Mobile oder temporäre Gärten sind eine großartige Möglichkeit, um auch dort Gemüse zu pflanzen, wo kein Land zur Verfügung steht. Die niederländische Künstlerin Annechien Meier hat in Ypenburg, einem Stadtteil von Den Haag, mobile Gärten als Installation eingesetzt, um die Beziehung zwischen dem Wohnen in der Stadt und der Vision vom Landleben zu verdeutlichen und der sterilen, unproduktiven Stadtkulisse etwas entgegenzusetzen. Ihre mobilen Gärten sind grüne Oasen in Wohngebieten, in denen normalerweise nichts Essbares angepflanzt werden kann.

GUERILLA-GARDENING

Wer nicht mit Behörden, öffentlichen Trägern oder Baufirmen verhandeln will, kann auch unter dem Radar aktiv werden. Die Rede ist vom Guerilla-Gardening. Der Name verrät, dass es sich hier um eine nicht genehmigte, oft gegen das Establishment gerichtete Aktivität handelt, die allerdings zunehmend akzeptiert und teilweise sogar begrüßt wird. Guerilla-Gärtner bepflanzen vernachlässigte oder ungenutzte Flächen mit essbaren oder dekorativen Pflanzen – meist ohne Genehmigung.

Guerilla-Neulinge können ihre Aktionen damit beginnen, schnell keimende Samen von Zierpflanzen auf Flächen zu streuen, die vorher – meist nachts oder in den sehr frühen Morgenstunden – vorbereitet wurden. Da die Pflege der gepflanzten Gewächse schwierig bis unmöglich ist, eignen sich nur Samen von robusten, unkomplizierten Pflanzenarten. Wer mehr Zeit und Lust hat, könnte es mit Gemüse, blühenden Stauden oder sogar Obstbäumen versuchen. Denkbar wäre auch, Ideen für mobile oder temporäre Gärten aufzugreifen (vgl. Seite 24–25) und ungenutzte Flächen mit Kübeln zu «besetzen».

Guerilla-Pflanzideen

Guerilla-Gardening lässt sich an unzähligen Orten im urbanen Raum umsetzen.

Straßenschäden: Selbst kleinste Flächen lassen sich begrünen. Allerdings sind Pflanzen in Schlaglöchern eher ein Hinweis auf eine nötige Reparatur.

Grasflächen unter Schildern und Straßenlaternen: Möglicherweise ist die Stadtverwaltung dankbar, für die Instandhaltung kein Geld ausgeben zu müssen. Schilder sollten nicht durch Pflanzen verdeckt werden.

Vorgärten öffentlicher Gebäude: Grünflächen vor öffentlichen Gebäuden sind aus Kostengründen oft spärlich bepflanzt. Das lässt sich durch eine Gemeinschaftsinitiative ändern. In diesem Fall ist es aber ratsam, vorher mit den Eigentümern Kontakt aufzunehmen.

PRAKTISCHE ERWÄGUNGEN

Damit Guerilla-Gardening Freude macht und den Gärtnern oder Anwohnern keine Probleme bereitet, sollte man einige einfache Regeln beherzigen:

- Wer ohne Genehmigung pflanzt, sollte sicher sein, den Grundstücksbesitzer nicht zu verärgern.
- Jede Maßnahme sollte eine Verbesserung sein. Wenn eine matschige, schmuddelige Grasfläche in ein buntes Blumenbeet verwandelt wird, dürfte kaum jemand Einwände haben.
- Schauen Sie gelegentlich vorbei, um die Pflanzen zu pflegen oder Unkraut zu jäten.

Die Mobilität der Einkaufswagen zahlt sich aus, wenn die Witterung sich ändert oder wenn die Pflanzen aus anderen Gründen schnell in Sicherheit gebracht werden müssen.

Lynn Peemöller

DEUTSCHLAND

Die mobilen Gärten stehen in vielen Straßen und führen den Bewohnern vor Augen, wie leicht man auf witzige und nicht störende Weise Gemüse anpflanzen kann.

«Wie kann man in der Stadt ohne Grundstück einen Garten anlegen?», fragte sich Städteplanerin und Guerilla-Gärtnerin Lynn Peemöller. Nach ihrem Umzug von Chicago nach Berlin schob sie bepflanzte Einkaufswagen durch die Straßen und ließ sie – oft an ungewöhnlichen Plätzen – stehen. Sie wollte zeigen, dass Pflanzen auch in der Großstadt gedeihen. Berlin hat eine lebendige Guerilla-Gärtnerszene, die von den Behörden toleriert und teilweise sogar ermutigt wird. Wenn motivierte Bürger Hand anlegen, um die Stadt zu verschönern, sollte man solche Initiativen nicht verbieten, sondern fördern.

NETZWERKE

Viele Gemeinschaftsgärten gehören größeren Netzwerken an, beispielsweise der Transition-Town-Bewegung, einer Umwelt- und Nachhaltigkeitsinitiative, die unter anderem anstrebt, CO_2-Emissionen und den Verbrauch fossiler Energieträger zu reduzieren. Der weltweiten Bewegung gehören derzeit über tausend registrierte Initiativen an. Andere Gruppen gehören dem Incredible Edible Network an, welches das gemeinschaftliche Gärtnern und den lokalen Handel fördert und Fortbildungen anbietet.

Transition-Town-Bewegung

Die Gruppen dieser Bewegung befassen sich mit Themen wie Transportwesen, Energie, Bildung, Abfall und Recycling sowie anderen Umweltaspekten. Auch Ernährung steht im Fokus, nicht nur, weil Nahrung lebensnotwendig ist, sondern auch, weil gemeinsames Essen zwischenmenschliche Kontakte fördert.

In Orten, in denen noch keine Transition-Town-Initiative besteht, kann ein Gemeinschaftsgarten die Menschen miteinander ins Gespräch bringen und so die Gründung einer Gruppe fördern. Um innerhalb des Netzwerks, das koordinierende Aufgaben übernimmt, offiziellen Status zu erlangen, muss eine Gruppe bestimmte Kriterien erfüllen, die unter www.transitionnetwork.org zu finden sind. Es empfiehlt sich, diese bei der Planung eines Gemeinschaftsgartens zu berücksichtigen.

In Städten oder Stadtteilen, die bereits dem Transition-Netzwerk angehören, ist es oft einfacher, einen Gemeinschaftsgarten zu gründen. Da sich die Transition-Town-Bewegung auch für regional produzierte Lebensmittel einsetzt, findet man innerhalb der Gruppe leicht Gleichgesinnte. Es kostet wesentlich weniger Zeit und Mühe, eine bereits bestehende Gruppe anzusprechen, als eine neue aus dem Nichts aufzubauen. Andererseits können Gemeinschaftsgärten dem Transition-Netzwerk zu größerer Bekanntheit verhelfen. Des Weiteren finden sich in Transition-Gruppen fast immer Personen, die bereits Erfahrung mit der Gründung und dem Betrieb von Gemeinschaftsinitiativen gesammelt haben. Die Zugehörigkeit zu einem Netzwerk kann außerdem den Kontakt mit Behörden erleichtern.

Incredible Edible Network

Das Incredible Edible Network ist ein eigenständiges Netzwerk, das aber ähnliche Ziele verfolgt wie die Transition-Town-Bewegung. Beide Netzwerke arbeiten in vielen Städten zusammen und beziehen auch andere, ähnlich orientierte Organisationen mit ein.

Das Netzwerk bietet den zugehörigen Gruppen Unterstützung und Beratung. Es wurde in Großbritannien gegründet, erste Gruppen entstehen inzwischen auch in anderen Ländern. Weitere Informationen sind unter www.incredibleediblenetwork.org.uk zu finden.

Incredible Edible

ENGLAND

2007 begannen Pam Warhurst und Mary Clear überall in der britischen Kleinstadt Todmorden Kräutergärten anzulegen. Sie wollten etwas für ihre Gemeinde tun und fanden essbabare Pflanzen dazu am besten geeignet. Aus dieser Idee entstand die Incredible-Edible-Bewegung, der inzwischen etwa hundert Gruppen in Großbritannien und weitere in anderen Ländern angehören.

Nach bescheidenen Anfängen in Guerilla-Manier arbeitet Incredible Edible heute mit Unternehmen und Schulen zusammen und nimmt an Kampagnen teil, die in der Bevölkerung das Bewusstsein für die Ernährung schärfen sollen. Viele Incredible-Edible-Gruppen arbeiten auch eng mit Transition-Town-Initiativen zusammen.

Mit freiwilligen Helfern hat Incredible Edible in der britischen Kleinstadt Todmorden Kräuterbeete angelegt und Obstbäume für die Allgemeinheit gepflanzt. Sie erfreuen sich offensichtlich großer Beliebtheit.

KINDER UND GEMEINSCHAFTSGÄRTEN

Kinder können von Gemeinschaftsgärten ebenso profitieren wie Erwachsene. Wer selber im Garten erleben und mithelfen kann, aus Samen oder Setzlingen Pflanze mit Beeren, Früchten und Gemüsen zu ziehen, ist eher bereit, diese auch zu probieren, als wenn das unbeliebte «Grünzeug» einfach im Supermarkt gekauft wird. Das ist gerade in Zeiten, in denen auch immer mehr Kinder an Übergewicht leiden, von großer Bedeutung.

Berufe im Gartenbau gelten oft als Ausweg für Kinder mit schulischen Lernproblemen. Diese Ansicht nützt zwar weder dem Berufsstand noch den betroffenen Kindern, dennoch ist unbestritten, dass Kinder, die sich mit dem traditionellen Bildungssystem schwertun, beim Lernen im Freien besser zurechtkommen. In einem Gemeinschaftsgarten lernen sie, Verantwortung zu tragen und mit Menschen verschiedenen Alters im Team zusammenzuarbeiten.

PRAKTISCHE ERWÄGUNGEN

Viele Tipps in diesem Buch gelten für Personen aller Altersgruppen. Wird der Garten von Kindern und Jugendlichen genutzt, sind aber einige weitere Aspekte zu bedenken.

- Lässt sich auf dem Gelände der Schule oder des Jugendzentrums eine ausreichend große Fläche für einen Garten finden? Kinder und Jugendliche lassen sich viel einfacher für die Welt des Gärtnerns begeistern, wenn sich der Garten schon dort befindet, wo sie sich ohnehin aufhalten.
- Wenn im Gemeinschaftsgarten nicht genug Platz für einen separaten «Kindergarten» ist, dann versuchen Sie doch, sich mit einer anderen Gemeinschaft zusammenzutun und gemeinsam eine Lösung zu suchen.
- Sind versierte Gärtner unter den Gruppenmitgliedern? Wenn nicht, findet sich vielleicht unter den Eltern oder Anwohnern jemand, der ein- oder zweimal wöchentlich mit den Kindern gärtnert.
- Aktivitäten und Bepflanzung sollten auf das Schuljahr abgestimmt sein. Es hat wenig Sinn, Tomaten zu pflanzen, die in den Sommerferien reifen, wenn alle Kinder verreist sind. Konzentrieren Sie sich daher auf Gemüse und Früchte, die bereits im Frühling oder erst im Herbst ernteреif sind.
- Manche Eltern mögen es nicht, wenn ihre Kinder sich schmutzig machen. Hochbeete sorgen dafür, dass diese Kinder nicht benachteiligt werden.
- Es muss sich jemand finden, der sich während der Schulferien um den Garten kümmert.

Macondo

Nachbarschaftsgarten

ÖSTERREICH

Auf einer Fläche von über 830 m^2 wurden im Macondo-Nachbarschaftsgarten konventionelle Beete und Hochbeete angelegt, in denen etwa 30 Einzelpersonen und Familien Obst, Gemüse und Kräuter anpflanzen und für den Eigengebrauch ernten können.

Am Stadtrand von Wien liegt in der Zinnergasse eine Siedlung, in der über 3000 Asylsuchende und ehemalige Flüchtlinge leben. Die ersten Bewohner der Siedlung haben sie Macondo genannt, nach dem fiktiven Dorf aus Gabriel García Márquez' Roman *Hundert Jahre Einsamkeit*. Dass viele Bewohner begonnen haben, auf dem Gelände Gemüse anzupflanzen, zeugt vom menschlichen Bedürfnis nach Kontakt zur Natur, auch unter schwierigen Bedingungen. Manche Pflanzen wachsen hier, weil sie einen Gärtner an seine Heimat erinnern; so etwa der afghanische Schnittlauch. Das Gelände wird auch von Österreichern genutzt. Dadurch ergibt sich für die Migranten die Möglichkeit, mit den einheimischen Nachbarn ins Gespräch zu kommen.

GÄRTNERN ALS THERAPIE

Die Erkenntnis, dass Gartenarbeit der Gesundheit nützt, setzt sich in Fachkreisen zunehmend durch. Gartenarbeit kann bei verschiedenen Krankheitsbildern hilfreich sein. Gwenn Fried vom Rusk Rehabilitation Programme des University Langone Medical Center in New York erklärt, warum sie die Gartenarbeit mit autistischen Kindern so schätzt: «Die Natur wertet nicht. Sie ist lebendig und real. Man kann sie anfassen und fühlen, Samen in die Erde legen und beim Wachsen zuschauen.»

Wenn ein Garten gezielt für therapeutische Zwecke eingesetzt werden soll, müssen seine Anlage und Bewirtschaftung auf die Bedürfnisse der Nutzer abgestimmt werden. Einfache, sich wiederholende Arbeiten, die sonst vielleicht Freiwillige übernehmen, können für Menschen, die an Autismus oder stressbedingten Erkrankungen leiden, befriedigend und hilfreich sein. Wichtig ist aber auch ein Team, das imstande ist, die Bedürfnisse des Gartens und der Nutzer in Einklang zu bringen.

Gesundheitsnutzen

2014 konnte die gemeinnützige Organisation *Target: Wellbeing* anhand einer Studie zeigen, in welchem Maß gemeinschaftlich bewirtschaftete Nutzgärten die körperliche und geistig/seelische Gesundheit der Nutzer fördert. Die Organisation verfügte über entsprechende Erfahrungen aus der Praxis, die mit der Studie wissenschaftlich untermauert wurden. Manche Ergebnisse werden Menschen, denen die positive Wirkung des gemeinsamen Gärtners aus eigener Anschauung bekannt ist, nicht überraschen.

- 92 % der Studienteilnehmer fühlten sich im alltäglichen Leben sicherer.
- 76 % gaben an, durch den Garten leichter an gesunde Nahrungsmittel zu kommen.
- 70 % gaben an, sich im sonstigen Alltag mehr zu bewegen.
- 67 % standen dank der Gartenarbeit Bewegung positiver gegenüber als zuvor.
- 61 % hatten neue Methoden gelernt, gesunde Nahrung anzubauen oder zuzubereiten.

Die Ergebnisse zeigen, wie positiv sich Gartenarbeit auf das Allgemeinbefinden auswirken kann. Bei vielen Beschwerden wäre es wünschenswert, dass Ärzte Gartenarbeit – vor allem Nutzpflanzenanbau – verordnen. Aber was heißt das für den Gemeinschaftsgärtner? Er weiß doch schon, dass der grüne Daumen einen wichtigen Beitrag zum ganzheitlichen Wohlbefinden leisten kann!

Überlegen Sie, ob Ihr Gemeinschaftsgarten einzelne Personen oder Gruppen unterstützen könnte, beispielsweise Patienten mit Alzheimer, Übergewicht, Stressbeschwerden oder Suchterkrankungen. Wenn Sie bereits eine Gruppe betreuen, die von einem eigenen Garten profitieren würde, könnten Sie sich mit einer hilfsbereiten Gartengemeinschaft zusammenschließen.

Mudlarks

ENGLAND

Mudlarks kümmert sich nicht nur um das eigene Gelände in Hertford, sondern auch um die Pflege von gemeindeeigenen Grünflächen.

Ob Holzarbeit oder Naturschutz: Die Arbeiten sind auf die Bedürfnisse der Mitglieder abgestimmt. Jeder Gärtner darf entscheiden, was er am liebsten tut.

Im gemeinnützigen Gemeinschaftsgarten Mudlarks in der englischen Stadt Hertford arbeiten Menschen mit Lernschwierigkeiten, geistigen Behinderungen und Rehabilitationspatienten zusammen. Jeder wird entsprechend seiner Fähigkeiten eingesetzt. Es gibt Gemeinschaftsbereiche, aber jeder Nutzer hat auch ein eigenes Beet, dessen Bepflanzung er oder sie selbst bestimmen kann.

Die Anlage befindet sich auf Gemeindegrund. Der Gemeinschaftsbereich umfasst Blumen- und Gemüsebeete, einen Obstgarten, eine Wildwiese, Gewächshäuser und eine Kräuterspirale. Ein umweltfreundliches Gebäude mit Holzofen wird als Werkstatt für Holz- und Bastelarbeiten genutzt.

Weil die Betätigungsmöglichkeiten im therapeutischen Gemeinschaftsgarten so breit gefächert sind, hat jeder Nutzer das Gefühl, etwas zu leisten, auf das er oder sie stolz sein kann.

Kapitel Zwei

Wurzeln schlagen

Wenn Sie eine genauere Vorstellung Ihres Wunschgartens entwickelt haben, geht es an die Planung. Im folgenden Kapitel kommen konkrete Aspekte zur Sprache – vom Finden der passenden Mitgärtner über die Beschaffung von Geldmitteln bis zu Tipps und Ideen aus meiner eigenen Erfahrung mit dem Betrieb von Gemeinschaftsgärten.

Wie viele Mitstreiter Sie brauchen, hängt teilweise davon ab, ob die gesamte Fläche von der Gruppe gemeinsam bewirtschaftet oder in einzelne Beete aufgeteilt werden soll. Aber selbst wenn jeder sein eigenes Beet bestellt, bietet die Gemeinschaft neben dem geselligen Aspekt viele Vorteile. Schwere Arbeiten oder die Beschaffung von Geldern lassen sich gemeinsam meist leichter bewerkstelligen.

Weil es gerade in Städten schwierig sein kann, geeignete Flächen zu finden, geht es bei der Gründung eines Gemeinschaftsgarten auch um Fragen rund um die Pacht von Land. Außerdem finden Sie in diesem Kapitel Vorschläge für Veranstaltungen, die das Gemeinschaftsgefühl und den Bestand des Gartens stärken.

VON DER VISION ZUR REALITÄT

Um ein Vorhaben zu verwirklichen, braucht man eine Vision und die Energie, sie umzusetzen. Den Anstoß geben meist eine oder zwei Personen, und da Sie dieses Buch lesen, dürften Sie eine davon sein. Auch wenn der erste Schritt gewaltig scheinen mag: Sie brauchen ihn nicht zu scheuen, wenn hinter Ihnen eine gute Gemeinschaft steht. Darum beschäftigen wir uns mit diesem Thema noch vor dem Kapitel über die Planung der Gartenanlage.

Die ersten Ideen sind oft noch unscharf. Vielleicht würden Sie einfach gern mit anderen gärtnern, oder Ihnen gefällt der Gedanke, mit der Gruppe zusammenzusitzen und frisches Obst und Gemüse aus eigenem Anbau zu genießen. Womöglich haben Sie noch nie einen Garten angelegt, eine Bewässerungsanlage installiert, eine Gruppe geleitet, Land gepachtet, Fördermittel beantragt oder mit Behörden verhandelt. Wo anfangen? Die Antwort lautet: wie bei allen Gemeinschaftsvorhaben zusammen mit der Gemeinschaft.

Die Kerngruppe

Zunächst gilt es, einige Personen zu finden, die als «Kerngruppe» die Idee konkreter ausarbeiten. Das heißt nicht, dass schon zu Beginn alles detailliert festgelegt werden muss. Wenn Sie aber weitere Personen und vielleicht Förderer überzeugen wollen, müssen Sie ein schlüssiges Bild vermitteln können. Wenn die Gesamt-Gartenanlage nicht von der Gemeinde oder einer anderen Organisation betrieben wird, brauchen

Wer einen Gemeinschaftsgarten gründen will, tut sich am besten mit einigen Nachbarn zusammen. So ist es einfacher, ein Grundstück zu finden, die Gartenanlage zu planen und das nötige Kapital aufzubringen.

Die Größe des Gartens bestimmt, wie viel Planungsarbeit nötig ist und wie lange die Verwirklichung dauert. Wenn der Frühling kommt und der Boden vorbereitet werden kann, werden Sie erkennen, dass sich die Vorarbeiten gelohnt haben.

Sie einige Freiwillige, die Beete vergeben, Gebühren einsammeln und darauf achten, dass die Regeln eingehalten werden.

Die Vision entwickeln

In der Kerngruppe wird die Vision konkretisiert. Wenn Sie nur ein kleines Projekt mit wenigen Personen gründen wollen, ist das nicht viel Arbeit. Dennoch ist es sinnvoll, frühzeitig über eventuelle Kosten, Aufgaben und Probleme nachzudenken. Bei größeren Vorhaben sind auch Zielsetzung, Motivation und eventuelle Nutznießer zu bedenken, und wenn Sie größere Geldmittel beschaffen wollen, ist ein wirtschaftliches Konzept erforderlich. Ob Sie Spenden sammeln, zu ehrenamtlicher Mitarbeit aufrufen oder ein Darlehenskonzept entwickeln: Die Beteiligten werden wissen wollen, ob ihr Beitrag gut angelegt ist und langfristig etwas bewirkt.

Öffentliche Versammlung

Obwohl eine öffentliche Versammlung nicht für alle Gärten nötig ist, kann es sinnvoll sein, die Anwohner einzubeziehen – auch diejenigen, die nicht direkt am Projekt beteiligt sind. Indem Sie Ihr Vorhaben und die geplante Umsetzung öffentlich bekannt machen, finden Sie möglicherweise Unterstützung und neue Mitstreiter. Vielleicht lernen Sie Menschen kennen, die Zeit, Wissen oder Begeisterung mitbringen und helfen können, das Projekt auf die Beine zu stellen.

Gelder beschaffen

Wie soll der Garten finanziert werden? Wenn Sie keine ungenutzte Reserve unter der Matratze haben, werden Sie das Startkapital beschaffen müssen. Wenn nur Saatgut, Werkzeug und etwas Baumaterial angeschafft werden muss, brauchen Sie nicht viel Geld. Vielleicht möchten Sie aber auch Gärtner oder eine Kraft für die Mitgliederverwaltung einstellen. In einer Anlage, die in einzelne Beete oder Parzellen aufgeteilt ist, tragen die Mitglieder ihre eigenen Kosten selbst, dennoch schlagen Posten wie die Instandhaltung gemeinschaftlich genutzter Wege oder Zäune zu Buche. Um Spenden entgegennehmen zu dürfen, sind verschiedene formale und gesetzliche Vorschriften einzuhalten (siehe Seite 42–43).

Die Wirklichkeit

Auf den folgenden Seiten werden die hier angerissenen Punkte genauer ausgeführt. Wenn erst einmal Mitstreiter gefunden und Gelder beschafft sind, kann die eigentliche Arbeit beginnen: die Anlage des Gartens und der Anbau von Pflanzen.

ÖFFENTLICHKEITSARBEIT

Es empfiehlt sich, den Anwohnern die Idee des geplanten Gemeinschaftsgartens vorzustellen, denn Transparenz und Kommunikation können nur nützlich sein. Die einfachste Lösung besteht darin, während der frühen Planungsphase zu einer öffentlichen Versammlung einzuladen. Bereiten Sie die Tagesordnung und die Diskussionsthemen sorgfältig vor.

Interesse wecken

Die Versammlung hat auch den Charakter einer Werbeveranstaltung. Im Idealfall denken die Menschen auf dem Heimweg: «Großartige Idee, da möchte ich mitmachen.» Darum darf das Meeting weder zu lang noch zu trocken sein. Bitten Sie einen Gemeindevertreter, einen Lokalpolitiker oder eine prominente Person, zur Versammlung zu kommen und das Projekt zu unterstützen. Auch andere Befürworter sollten sich zu Wort melden. Die Allgemeinheit lässt sich leichter überzeugen, wenn sich viele Stimmen für ein Projekt aussprechen.

Unterstützer gewinnen

Ein Zweck der Versammlung besteht darin, Menschen zu gewinnen, die Beetflächen pachten oder im Projekt mitarbeiten. Selbst in der frühesten Planungsphase lohnt es sich, Kontaktdaten und eventuelle Kenntnisse der Interessenten zu notieren. So lässt sich bei Bedarf später nachweisen, dass der Gemeinschaftsgarten gewünscht und unterstützt wird. Falls finanzielle Unterstützung benötigt wird, sollte auch dieses Thema frühzeitig zur Sprache gebracht werden.

Hören Sie auf der Versammlung genau zu. Selbst wenn Ihre Ideen und Pläne großartig sind, haben Sie wahrscheinlich nicht alle Aspekte und möglichen Meinungen bedacht. Schließen Sie nicht aus, Ihre Pläne zu ändern.

Kontroversen

Rechnen Sie mit unbequemen Fragen. Welche Bedenken könnten gegen das Projekt geäußert werden? Möchten die Anwohner auf dem Gelände ihre Hunde ausführen? Könnte Lebensraum für Wildtiere verloren gehen? Fürchten Anwohner Verkehrslärm, Unruhe oder Verlust der Privatsphäre? Könnten die Behörden Einwände erheben? Je mehr Fürsprecher Sie haben, desto besser.

Nachbereitung

Es ist wichtig, die Begeisterung nach der ersten Versammlung nicht verpuffen zu lassen. Vielleicht kommt auch Verwirrung auf, wenn sich weitere Menschen der Gruppe anschließen und neue, aber vom Konzept abweichende Ideen einbringen. Zur Nachbereitung sollten Sie die Kerngruppe kurz nach der Versammlung treffen.

Planen Sie nach der Versammlung genug Zeit ein, damit die Teilnehmer einander kennen lernen und miteinander ins Gespräch kommen können.

Bitten Sie alle Versammlungsteilnehmer, die nicht vor einer Gruppe sprechen mögen, ihre Ideen auf Haftnotizzettel zu schreiben. So können auch introvertierte Menschen ihre Ideen einbringen.

VORSCHLAG FÜR DEN ABLAUF EINER VERSAMMLUNG

- Begrüßung und Vorstellung
- Präsentation des Gartenprojekts, Entstehung der Idee, Vorzüge
- Darstellung des Werts für die Gruppenmitglieder, Anwohner oder Gemeinde und andere Gruppen, die den Garten benutzen
- Kurzreferat: Ein Mitglied eines ähnlichen Projekts berichtet
- Fragen und Diskussion
- Festlegung eines Termins für die nächste Versammlung
- Stellen Sie Getränke bereit, damit die Teilnehmer anschließend miteinander ins Gespräch kommen können.

Eventuell kann zwischendurch ein Brainstorming veranstaltet werden. Es ist sinnvoll, dafür Kleingruppen von vier bis acht Personen zu bilden. Legen Sie Papiertischdecken auf die Tische, oder halten Sie große Papierbögen bereit, auf denen Ideen notiert werden können.

TEAMBILDUNG UND ARBEITSTEILUNG

Wenn Sie kein Alleskönner mit zahllosen Kontakten sind, brauchen Sie für Ihr Projekt ein Team. Für die Erfolgschancen des Gemeinschaftsgartens ist es wichtig, dieses möglichst früh zu finden. Werfen Sie das Netz weit aus, und versuchen Sie, unter den Interessierten diejenigen zu finden, die das nötige Wissen und Engagement mitbringen, um das Projekt zu verwirklichen.

Setzen Sie die Gruppenmitglieder klug ein. Schüler und erwachsene Freiwillige können Arbeiten übernehmen, die für andere zu schwer sind.

Die richtigen Leute finden

Es ist gar nicht so einfach, unter den Anwohnern oder im Bekanntenkreis genug Menschen zu finden, die über genug Wissen und Erfahrung verfügen. Sie könnten ein ähnliches Projekt ausfindig machen und dessen Organisatoren befragen, wie sie das Problem gelöst haben. Holen Sie sich Rat, und fragen Sie auch nach Kontaktadressen – das Leben ist schließlich zu kurz, um das Rad neu zu erfinden. Selbst wenn sich die Kontaktpersonen nicht aktiv in Ihr Projekt einbringen, könnten sie als gelegentliche Berater fungieren.

Ziehen Sie bei Bedarf auch Fachleute zu Rate, nicht nur zu Bodenaufbereitung oder zum Gartenbau, sondern auch zu rechtlichen Fragen, zum Wirtschaftskonzept und zur Buchhaltung. Erkundigen Sie sich, ob Fördermittel beantragt werden können, um Ihr Budget zu schonen. Letztendlich lässt sich durch kompetente

Beratung Geld sparen und das Scheitern des Projekts verhindern.

Für gemeinschaftlich bewirtschaftete Gärten empfiehlt es sich, eine Führungsgruppe zu bilden. In einem Projekt, an dessen Gründung ich beteiligt war, bestand diese Gruppe unter anderem aus einem Landwirt, einem Lehrer, einem Mediziner, einem Lebensmittelhändler, einem Juristen und einer Person, die Erfahrung im Verhandeln mit Behörden besaß. Diese Wissensbandbreite trug maßgeblich zum Erfolg des Projekts bei.

Auch in einer Gartengemeinschaft mit einzeln vergebenen Beeten fällt zu Beginn, aber auch langfristig, immer wieder Arbeit an. Das Einsammeln der Mitgliederbeiträge und die Buchhaltung mögen lästig sein, müssen aber ordentlich und pünktlich erledigt werden. Auch der Kontakt zum Grundstückseigentümer – sofern es sich um ein gepachtetes Gelände handelt – und die Organisation von Veranstaltungen laufen reibungslos, wenn die Aufgaben in der Gemeinschaft klar geregelt sind.

Unentgeltlich oder bezahlt?

Die meisten Gemeinschaftsgärten werden von engagierten, aber unbezahlten Freiwilligen betrieben. Sie haben viele Ideen und sind begeisterungsfähig, nur an Zeit fehlt es oft. Kleinere Projekte und Anlagen mit einzeln verpachteten Beeten können ausschließlich auf freiwilliger Basis funktionieren. Bei größeren Projekten kann es hingegen schwierig werden. Möglicherweise findet sich jemand, der im Rahmen seines Berufs mitarbeiten kann. Meist ist es aber besser, wenn genug Geld zur Verfügung steht, um vor allem beim Anlegen des Gartens bezahlte Helfer zu engagieren.

Unsere Gemeinschaft konnte mit Freiwilligen viel bewerkstelligen, aber erst als wir eine großzügige Spende erhielten, kam das Projekt richtig in Schwung. Sechs Monate lang konnten wir an zwei Tagen pro Woche einen Mitarbeiter beschäftigen. Das brachte uns enorm voran.

Organisation der Gruppe

Ein Gemeinschaftsprojekt muss von allen Beteiligten getragen werden. Es ist aber nicht immer leicht, einen Konsens zu finden. Selbst eine kleine Gruppe sollte sich die Zeit nehmen, die formale Struktur des Projekts zu diskutieren. Legen Sie fest, wie oft Versammlungen stattfinden, wie sie durchgeführt werden und wer welche Entscheidungen fällen darf. Achten Sie darauf, dass auch die Meinung introvertierter Gruppenmitglieder Gehör findet. Wenn eine Gruppe solche Mitglieder bei Diskussionen vergisst, können gute Ideen verloren gehen.

Gemeinschaft lädt zur Kommunikation ein. Erfahrene Gärtner und Gärtnerinnen geben ihr Wissen meist gern an Neulinge weiter.

FINANZEN

Selbst ein kleiner Gemeinschaftsgarten, der von einigen Freiwilligen betrieben wird, kommt nicht ganz ohne Geld aus. Wenn einzelne Beete an die Nutzer verpachtet werden, ist die Finanzierung einfacher, weil die Pachteinnahmen die laufenden Kosten decken. Trotzdem fallen auch Ausgaben an, wenn keine bezahlten Kräfte beschäftigt werden, beispielsweise für Saatgut, Ausrüstung, Pacht, Strom und Wasser. Das Anlegen des Gartens kostet Geld, und eventuell fallen später noch größere Anschaffungen an.

Selbst gemachte Produkte helfen, Ernteüberschüsse sinnvoll zu verwerten, und bringen etwas Geld in die Gemeinschaftskasse.

Jahresgebühr

Unabhängig von der Struktur des Gartens, sind regelmäßige Einkünfte sinnvoll. Das können Pachteinnahmen für Einzelbeete sein, ein Jahresbeitrag oder Einnahmen aus wöchentlichen Gemüsekisten. Es ist nicht einfach, die Höhe der Beträge festzulegen. Einerseits soll die Mitgliedschaft für alle erschwinglich sein, andererseits muss der Bestand des Projekts langfristig gesichert werden. Viele Projekte erlassen Mitgliedern, die Zeit für den Betrieb der Anlage aufwenden, den Beitrag ganz oder teilweise. So lassen sich Kosten einfach sparen.

Kleine Einkünfte

Viele Gartenprojekte können durch den Verkauf von Erzeugnissen und Pflanzen, durch Kuchenverkauf und ähnliche Maßnahmen etwas Geld einnehmen. Die Summen, die dabei zusammenkommen, genügen aber meist nicht, um die Kosten zu decken. Woher bekommt man also Geld für die Infrastruktur, für Löhne, Kauf oder Pacht von Land und andere große Posten?

Darlehen

Ein Grundstückskauf kann möglicherweise mithilfe einer Hypothek finanziert werden. Dann gilt es aber, die Bank zu überzeugen, dass die Rückzahlung zuverlässig erfolgen kann. Für kleinere Summen, etwa für die Herstellung der Anlage, könnte auch ein Darlehen aufgenommen werden. Dieses kann statt von einer Bank auch von einer Einzelperson oder Körperschaft gewährt werden. Solche Lösungen sind immer mit Schulden und folglich mit Risiken verbunden.

Anteilseigentum

Diese Lösung erfordert etwas Mut. Für größere Projekte, die reale Einkünfte erwirtschaften können, lassen sich auf diese Weise aber beachtliche Summen generieren. Es gilt allerdings, das Kapital zu schützen, damit das Projekt auch dann fortbestehen kann, wenn alle Anteilseigner ihr Geld herausziehen. Wer ein solches Finanzierungskonzept ins Auge fasst, sollte sich unbedingt fachmännisch beraten lassen.

Crowdfunding

Immer mehr Projekte werden durch Crowdfunding finanziert. Im Internet gibt es verschiedene Crowdfunding-Plattformen, die recht einfach zu benutzen sind. Allerdings kann eine erfolgreiche Crowdfunding-Kampagne viel Arbeit mit sich bringen. Sie sollten sich darum genau überlegen, worauf Sie sich einlassen.

Fördermittel

Informieren Sie sich eingehend, ob für große Anschaffungen, Löhne oder die Unterstützung einer gemeinnützigen Organisation öffentliche oder private Fördermittel zur Verfügung stehen. Manche Förderprogramme vergeben allerdings nur Gelder an Antragsteller, die gemeinnützig sind oder andere Anforderungen erfüllen (siehe Seite 48–49).

Transparenz

Es empfiehlt sich, schon in der frühen Planungsphase ein Bankkonto zu eröffnen und einen Kassenwart oder Schatzmeister zu wählen. Die Sicherheit, dass die finanziellen Angelegenheiten transparent und zuverlässig erledigt werden, kann wichtig für den Bestand der Gemeinschaft sein.

Der Verkauf eigener Produkte bringt nicht nur Geld ein. Er fördert die Bekanntheit des Projekts im Dorf oder der Stadt und kann neue Mitglieder oder Förderer anziehen.

LANGFRISTIG ÜBERLEBEN

Manche Gemeinschaftsgärten blühen in der Anfangszeit förmlich auf, um wenig später kläglich zu verkümmern. Was kann man tun, damit sich der Garten wie ein großer Baum entwickelt und viele Jahre lang Früchte trägt? Neben dem langfristigen Nutzungsrecht für das Land (siehe Seite 46–47) und Geld gehört dazu eine funktionierende Gemeinschaft, und die entsteht nicht von allein.

Mitglieder werden kommen und gehen. Familien ziehen um, Kinder werden geboren und wachsen heran. All das beeinflusst die Zusammensetzung der Gruppe und die Zeit, die jeder für den Garten aufbringt. Für die Kontinuität der Projektgruppe lässt sich aber etwas tun.

Klein anfangen und wachsen

Ehrgeiz ist wunderbar – Geduld aber auch. Wenn das Projekt zu schnell wächst, kann es zur Belastung für die Nutzer werden. Schulden und zu viel Arbeit können bewirken, dass der eigentliche Zweck vernachlässigt wird. Das kann fatal sein. Selbst der Pflanzboden wird geschwächt, wenn man ihm zu viel abverlangt.

Gleichbehandlung

Es kann vorkommen, dass einzelne Gruppenmitglieder einen Sonderstatus erhalten, beispielsweise der Grundstücksbesitzer, der Gründer der Gemeinschaft, ein großzügiger Spender oder jemand mit besonderem Durchsetzungsvermögen. Ohne solche Personen wäre das Projekt vielleicht nicht zustande gekommen, und trotzdem darf der Gemeinschaftsaspekt nicht verloren gehen. Es schadet dem Zusammenhalt der Gruppe, wenn Einzelmeinungen ihr Handeln bestimmen.

Kurskontrolle

Zu viel Analyse kann schaden, dennoch empfiehlt es sich, gelegentlich zu prüfen, ob noch alle das gleiche Ziel verfolgen. Das gilt vor allem für erfolgreiche, schnell wachsende Projekte. Wenn sich Mitglieder auf einen Arbeitsbereich konzentrieren, können sie leicht andere – und das Gesamtbild – aus den Augen verlieren. Es kann genügen, wenn sich die Kerngruppe halbjährlich trifft, um zu prüfen, ob der ursprüngliche Kurs noch immer verfolgt wird.

Sichere Geldquellen

Ich empfehle dringend, Löhne und zentrale Aktivitäten nicht durch kurzfristige Geldquellen (z. B. Darlehen mit kurzer Laufzeit) zu finanzieren. Ich kenne viele Projekte, die gescheitert sind, weil sie sich zu stark auf solche Mittel verlassen und keinen stabilen Wirtschaftsplan aufgestellt haben. Für kleine, kostengünstige, von Freiwilligen betriebene Gärten besteht weniger Gefahr, aber größere Projekte sollten für die Hauptaktivitäten unbedingt einen Wirtschaftsplan ausarbeiten.

Neue Mitglieder

Ob groß oder klein: Ein Projekt kann nur überleben, wenn ausscheidende Nutzer von neuen ersetzt werden. Darum empfiehlt es sich, Mitgliederbindung und -werbung gezielt anzugehen. Sinnvoll ist auch, ausscheidende Personen nach ihren Gründen zu befragen, um Denkanstöße für Verbesserungen zu gewinnen. Vielleicht sind nur einfache Schritte nötig, beispielsweise klare Regeln darüber, in welchem Zustand ausscheidende Nutzer ihr Beet zu hinterlassen haben. Ich kenne eine Gartengemeinschaft, die ihre Arbeitsverteilung grundlegend geändert hat, um eine neue Zielgruppe anzusprechen.

Wenn die Ernte reichlich ausfällt, werden viele Hände gebraucht. Machen Sie daraus eine Gemeinschaftsaktion. Wenn Getränke und ein kleiner Imbiss bereitstehen, können alle Gärtner den Tag miteinander gemütlich ausklingen lassen.

Feiern Sie den Erfolg des Projekts mit allen, die geholfen haben, und sei der Beitrag noch so klein. Jedes ausgezupfte Unkraut und jedes gepflückte Blatt verdient Anerkennung.

RECHTLICHES: PACHT UND ZUGANG

Für die Anlage und Bewirtschaftung eines Gartens ist die Erlaubnis des Grundstückseigentümers nötig. Es gibt viele Möglichkeiten, mit ihm zu einer Einigung zu kommen. Eine mündliche Absprache ist schnell getroffen, und Sie können sofort loslegen, ohne komplizierte juristische Dokumente aufzusetzen. Allerdings können solche Absprachen jederzeit widerrufen werden. In diesem Fall lässt sich vielleicht ein neues Gelände finden, doch grundsätzlich gibt ein formeller Vertrag mehr Sicherheit.

Es ist nicht kompliziert, einen Pachtvertrag aufzusetzen, und es gibt Blankovorlagen, die den gesetzlichen Vorschriften entsprechen. Fragen Sie andere Gartengemeinschaften: Man wird Ihnen sicherlich gern Auskunft über die Pachtvereinbarung und die daraus resultierenden Erfahrungen geben. Wichtiger ist allerdings, einen Grundstücksbesitzer zu finden, der das Projekt ernsthaft unterstützt und einer langfristigen Vereinbarung zustimmt. Wenn er mit der Verpachtung nur schnelles Geld machen will, könnten sich Schwierigkeiten ergeben. Die folgenden Punkte sollten Sie daher bedenken:

Vertragslaufzeit

Ich empfehle eine Vertragslaufzeit von mindestens fünf Jahren. Je länger, desto besser. Wenn Sie Folientunnel aufstellen oder mehrjährige Pflanzen ziehen wollen, müssen Sie sicher sein, davon auch profitieren zu können. Es ist aber möglich, Klauseln in den Vertrag aufzunehmen, die jeder Seite ein Sonderkündigungsrecht einräumen.

Pacht und Verpflichtung

Neben der Höhe der zu bezahlenden Pacht, sollte festgelegt sein, wie oft und um wie viel sie angehoben werden kann. Klären Sie außerdem, was sie enthält und was nicht – beispielsweise Wasser, Elektrizität oder Versicherungen. Wenn Sie planen, einzelne Beete an die Nutzer zu vergeben, muss im Vertrag auch die Unterverpachtung ausdrücklich erlaubt sein. Sorgen Sie dafür, dass die einzelnen Nutzer ihre Verpflichtungen genau kennen.

Wenn eine Gemeinschaft ein Gelände für ein Gartenprojekt pachtet, übernimmt sie meist auch die Verantwortung für dessen Pflege und Instandhaltung.

Wer bezahlt was?

Legen Sie fest, wer wofür verantwortlich ist. Muss die Gemeinschaft Zäune instand halten? Wer ist für die Wartung von Elektroinstallation und Wasserversorgung zuständig? Ist im Pachtvertrag festgelegt, dass die Gemeinschaft das Gelände sauber und in Ordnung hält – und wenn ja, was bedeutet das genau?

Inventarliste

Wenn der Pachtvertrag auch Zubehör umfasst, halten Sie dessen Zustand in einer Inventarliste fest. Dazu können Zäune, Wege, gepflasterte Flächen, Gebäude oder Maschinen gehören. Der Eigentümer kann verlangen, dass beschädigtes Zubehör repariert oder ersetzt wird.

Zugang

Müssen fremde Grundstücke überquert werden, um in den Gemeinschaftsgarten zu gelangen? Haben Sie die Erlaubnis dazu? Haben andere Personen ein Zugangsrecht zum Gartengelände? Und wenn ja: Zu welchen Tages- oder Nachtzeiten? Können parkende Autos, Gartenarbeiten oder Tage der offenen Tür die Anwohner stören? Stehen genug Parkplätze zur Verfügung?

Klare Aussagen

Erläutern Sie dem Grundstückseigentümer genau, was Sie auf dem Land planen. Holen Sie gegebenenfalls die Erlaubnis zur Pflanzung von Bäumen ein und klären Sie die zugelassene Größe. Wenn Sie das Grundstück langfristig für einen Gemeinschaftsgarten nutzen wollen, sollten Sie das Vorhaben möglichst ausführlich vorstellen und auch besprechen, welche Einschränkungen der Eigentümer wünscht. Nur so lassen sich später unangenehme Überraschungen vermeiden.

Wertsteigerung

Wenn der Wert des Grundstücks durch die Aktivitäten und Investitionen der Gemeinschaft steigt, sollte festgelegt sein, ob dafür am Ende der Vertragslaufzeit eine Entschädigung gezahlt wird. Bei einer Anhebung der Pacht sollten solche Verbesserungen nicht berücksichtigt werden, denn sonst würde die Gemeinschaft ja für die selbst geschaffene Wertsteigerung bezahlen.

Informieren Sie den Grundstückseigentümer ausführlich über die geplante Nutzung und besprechen Sie gegebenenfalls, ob Einwände gegen die Pflanzung von Bäumen bestehen.

Gesetzliche Vorschriften

Das Pachtrecht unterliegt gesetzlichen Vorschriften, die auch dann gelten, wenn sie nicht ausdrücklich im Vertrag festgehalten sind. Informieren Sie sich über diese, damit Sie über Ihre Rechte und Pflichten genau im Bilde sind.

DIE RECHTSFORM DER GARTENGEMEINSCHAFT

Kleine Gruppen könnten sich informell zusammenschließen, in den meisten Fällen ist es aber ratsam, der Gemeinschaft eine Rechtsform zu geben. Wenn Fördermittel beantragt oder Spenden gesammelt werden sollen, ist dies sogar notwendig. Die gesetzlichen Rahmenbedingungen sind von Land zu Land verschieden und hängen auch davon ab, ob Gewinn erwirtschaftet werden soll oder nicht. Auch Gemeinschaften, die sich keine Rechtsform geben, unterliegen gesetzlichen Vorschriften.

Je nach Land, gibt es verschiedene mögliche Rechtsformen für eine Gartengemeinschaft. Da weltweit das Interesse an Gemeinschaftsprojekten zunimmt, sind auch die gesetzlichen Rahmenbedingungen ständigen Veränderungen unterworfen. Darum will ich hier nicht auf einzelne Rechtsformen eingehen, sondern nur Denkanstöße geben, die Ihre Entscheidung beeinflussen können, und mögliche Konsequenzen aufzeigen.

Die Rechtsform ist nicht mit der alltäglichen Organisation gleichzusetzen. Ein Projekt, das Gewinn erwirtschaftet, könnte beispielsweise als GmbH eingetragen sein und dennoch als Kooperative geführt werden, in der Entscheidungen gemeinsam gefällt und alle Mitglieder gleich bezahlt werden.

Gewinnerzielung

Sie können das Projekt als Einzelunternehmer führen, eine Partnerschaft gründen oder als GmbH eintragen lassen. Ein Einzelunternehmer und die Partner in einer GbR sind für Verluste und Schulden des Projekts persönlich haftbar. Eine GmbH hat Gesellschafter, denen das Unternehmen gehört, und Geschäftsführer, die für den Betrieb verantwortlich sind. Die Haftung der Gesellschafter ist auf die Höhe ihrer Einlagen beschränkt. Auch die Haftung der Geschäftsführer ist beschränkt, sofern sie keine Gesetze verletzen und in gutem Glauben handeln.

In einer GmbH werden die Gewinne anteilig an die Gesellschafter ausgeschüttet. Ein vereinbarter Betrag bleibt auf dem Konto des Unternehmens, um die Kosten des laufenden Betriebs und künftiger Investitionen zu decken. Die Gesellschafter können auch vereinbaren, dass der Gewinn der Gemeinschaft oder einem gemeinnützigen Zweck zufließt.

Bei einer Begehung mit dem Grundstückseigentümer und einem Rechtsberater sollten alle Aspekte des Pachtvertrags besprochen werden.

Non-Profit-Organisationen

Organisationen, die keinen Gewinn erwirtschaften, sind grundsätzlich haftungsbeschränkt. Gewinne werden nicht an Gesellschafter ausgeschüttet, sondern fließen einem gemeinnützigen Zweck zu. Die rechtlichen Rahmenbedingungen sind relativ unkompliziert und erlauben solchen Organisationen einen größeren Handlungsspielraum.

Wenn der Gemeinschaftsgarten ausschließlich gemeinnützig arbeitet, kann die Gründung eines Vereins sinnvoll sein. Dadurch ergibt sich die Möglichkeit, Spenden entgegenzunehmen und besondere Fördermittel zu beantragen. Der Zweck des Vereins muss in der Satzung formuliert sein, die Anerkennung der Gemeinnützigkeit ist gesetzlich geregelt.

Kompromisslösung

Eine Sonderform ist die gemeinnützige GmbH. Sie erwirtschaftet Gewinne, dient aber einem gemeinnützigen Zweck, der in der Satzung festgelegt ist. Vorteile dieser Rechtsform bestehen in Steuerbefreiungen und der Berechtigung, Spendenbescheinigungen auszustellen.

Da sich die gesetzlichen Vorschriften von Land zu Land unterscheiden und außerdem Änderungen unterworfen sind, sollten Sie sich eingehend informieren, um die am besten geeignete Rechtsform zu finden.

Selbst kleine Gemeinschaften wie diese Gruppe, die Hochbeete auf gemeindeeigenem Grund vor einer Polizeiwache bewirtschaftet, sollten eine auf das Projekt abgestimmte Rechtsform wählen.

VERANSTALTUNGEN

Veranstaltungen spielen für Gemeinschaftsgärten eine wichtige Rolle. Wenn Beete oder Parzellen separat verpachtet werden, tragen sie dazu bei, Kommunikation und Gemeinschaftsgefühl der Nutzer zu stärken. Sie können helfen, neue Unterstützer oder Mitglieder zu gewinnen oder Geld für die Gartengemeinschaft einzunehmen. Weil jede Veranstaltung anders ist, sollte man nicht nur über ihren Zweck nachdenken, sondern auch über die Zielgruppe, beispielsweise Kinder, Erwachsene oder Menschen mit Lernschwierigkeiten. Die meisten Menschen lernen gern, vor allem in einer vertrauten Umgebung und zusammen mit Menschen, die sie kennen.

Planen und lernen

Die Bandbreite möglicher Veranstaltungen ist riesig – wo anfangen? Es liegt nahe, Workshops zu Gartenthemen anzubieten, aber letztlich wäre alles denkbar, an dem die Mitglieder Interesse haben. Wichtig ist, Veranstaltungen von langer Hand zu planen, um rechtzeitig Material zu beschaffen, Referenten zu finden und die Öffentlichkeit zu informieren. Spontane Veranstaltungen verlaufen meist chaotisch und unorganisiert, oder die Besucher bleiben aus. Allzu kompliziert sollte die Organisation andererseits auch nicht sein. Wenn eine Grundidee vor lauter Begeisterung um zu viele «Nebenideen» erweitert wird, kann man leicht das Konzept oder die Kosten aus den Augen verlieren. Aus einer Idee ergeben sich oft viele andere, die Sie zu einem späteren Zeitpunkt aufgreifen können. Versuchen Sie nicht, zu viel in einer Veranstaltung unterzubringen.

Denken Sie an alle Altersgruppen. Erwachsene werden eher zu Veranstaltungen kommen, auf denen die Kinder beschäftigt und beaufsichtigt werden.

Um das Säen und Pflanzen zu lernen, braucht man nicht viel Werkzeug. Es empfiehlt sich aber, den Boden vorher vorzubereiten.

Garten-Workshops

Denkbare Themen für Garten-Workshops sind Aussaat, Vermehrung von *Pflanzen, Rückschnitt, Ernte von Samen* (siehe Seite 86–87), *Kompostierung, Bodenverbesserung, Herstellung einfacher Werkzeuge, Bau eines Mistbeets, Anlage eines Nutzbeets* oder *Anbau von Kräutern*. Wichtig ist, dass Theorie und praktisches Ausprobieren in einem ausgewogenen Verhältnis zueinander stehen. Die Teilnehmer werden sich freuen, wenn sie ein Informationspapier mit nach Hause nehmen können.

Denken Sie vorausschauend: Für ein Seminar über Obstbaumveredelung müssen rechtzeitig Unterlagen bestellt werden, damit sie am Veranstaltungstag bereitstehen. Haben Sie genügend Werkzeuge? Wenn sich 20 Teilnehmer drei rostige, stumpfe Messer teilen müssen, werden sie enttäuscht sein. Sie können die Teilnehmer bitten, selbst Werkzeug mitzubringen. Die Kosten für spezielle Werkzeuge können mit der Teilnahmegebühr gedeckt werden.

Ist der Garten selbst ausreichend ausgestattet? Ein Workshop im Freien macht keinen Spaß, wenn es den ganzen Tag regnet und man sich nirgends unterstellen kann. Ein geschlossener Raum erweitert das Spektrum möglicher Veranstaltungen erheblich. Ein Zelt oder Wohnwagen kann genügen. Vielleicht gibt es in der Nähe auch ein Gemeindehaus oder Bürgerzentrum, in dem für einige Stunden ein Raum genutzt werden kann.

WORKSHOP: OBSTBÄUME VEREDELN

Dies ist der Ablauf eines Workshops, den ich einmal angeboten habe.

10.00	Begrüßung, Getränke
10.15	Theorie, Geschichte und Wissenschaft: Wahl von Unterlagen und Sorten
11.00	Auswahl und Schnitt von Edelreisern. Bei einem Gartenrundgang können Sie den Teilnehmern zeigen, wie die Bäume wachsen.
12.00	Mittagessen
13.00	Veredelungstechniken in der Theorie
13.30	Praktischer Teil: selbst Hand anlegen
14.45	Zusammenfassung: Wir feiern unsere «neu geschaffenen» Bäume.

VERANSTALTUNG: SAMEN TAUSCHEN

Eine Samen-Tauschbörse ist eine tolle Möglichkeit, an kostenloses Saatgut zu kommen und Menschen aus der Umgebung anzuziehen, die nicht der Gartengemeinschaft angehören. Obwohl Samen getauscht werden, seit die Menschen Pflanzen kultivieren, haben organisierte Samen-Tauschbörsen in den letzten Jahren enorme Beliebtheit gewonnen.

Samen-Tauschbörsen bieten eine gute Gelegenheit, das Bewusstsein für die Bedeutung von Nahrungsmitteln und die Verringerung der Artenvielfalt in der Landwirtschaft zu wecken. Schätzungen der Ernährungs- und Landwirtschaftsorganisation der Vereinten Nationen zufolge, sind in der Agrarlandschaft bereits 75 %der genetischen Vielfalt verloren gegangen. Besondere Züchtungen und alte Sorten verschwinden, weil sie für die Erwerbslandwirtschaft keinen kommerziellen Nutzen haben.

Gemeinschaftsgärten können diesem Verlust durch praktisches Handeln und durch Information entgegenwirken. Indem wir seltene, alte oder regionale Sorten anpflanzen, tragen wir zum Erhalt der Vielfalt bei.

Wissensaustausch

Neben Samen wird auf einer solchen Veranstaltung auch Wissen ausgetauscht. Vielleicht möchten Sie Informationsbögen mit Tipps zum Anbau einzelner Sorten und zum Ernten der Samen auslegen. Denkbar wäre auch, erfahrene Gärtner für eine «Fragestunde» zu gewinnen oder Arbeitsschritte wie das Sammeln, Säubern und Lagern von Samen zu demonstrieren.

Gut vorbereitet

Eine Samen-Tauschbörse braucht eine lange Vorlaufzeit, denn die Samen müssen ja zum richtigen Zeitpunkt geerntet werden.

Beschriftete, geordnete Samentüten machen es den Besuchern leicht, die gewünschten Arten und Sorten zu finden.

Auf großen Tauschbörsen findet man eine beeindruckende Auswahl von Samen, darunter oft auch alte Sorten, die im konventionellen Handel kaum noch zu bekommen sind.

Im Idealfall beginnt man ein Jahr vor der Veranstaltung mit der Planung. Da aber viele Gärtner ohnehin Samen sammeln, besteht kein Grund zur Beunruhigung. Sie sollten aber von Anfang an einige Qualitätsrichtlinien festlegen. Bitten Sie die Mitstreiter, nur Samen aus offener Bestäubung zu sammeln (also nicht von Hybridsorten). Sinnvoll ist auch, eine Vorlage für die Tütenbeschriftung vorzubereiten, damit die Vergleichbarkeit gewährleistet ist. Je mehr Informationen die Sammler über ihre Samen geben können, desto besser. Interessant ist beispielsweise die Anzahl der Pflanzen, von denen gesammelt wurde, oder ob andere Arten derselben Familie in der Nähe standen (was Einfluss auf die Reinheit der Samen haben kann). Das Sammeldatum sollte angegeben sein, außerdem die Anzahl von Jahren, in denen Samen von dieser Sorte geerntet worden sind.

Rechtliches

Die weltweiten Saatgutgesetze sind einer der Gründe für den Rückgang der Artenvielfalt. Sie betreffen vor allem multinationale Unternehmen, trotzdem sollten auch Gärtner, die Saatgut ernten und weitergeben, die Rechtslage kennen. Es ist grundsätzlich verboten, Samen von Sorten zu sammeln, die patentiert sind oder dem Züchterschutz unterliegen. In der Praxis werden weder Behörden noch größere Unternehmen rechtliche Schritte gegen Amateurgärtner einleiten. Um sicherzugehen, sollten Sie sich trotzdem vor dem Sammeln informieren, ob für die jeweilige Pflanze Einschränkungen bestehen. Bedenken Sie dabei, dass Patente und andere Schutzrechte zeitlich begrenzt sind.

Praktische Tipps

In den ersten Jahren kann es vorkommen, dass die Nachfrage nach Samen größer ist als das Angebot. Vielleicht können Sie von einer Gartengemeinschaft, die schon länger Tauschbörsen veranstaltet, Spenden bekommen. Möglicherweise finden Sie auch einen kommerziellen Anbieter, der Samen – am besten besondere oder regionale Sorten – verkaufen möchte. So muss niemand mit leeren Händen nach Hause gehen.

Sollen die Sammler die Samen in Tüten verpacken? Oder sollen sich die Besucher die Samen aus größeren Behältnissen selbst in Tüten abfüllen? Falls Sie sich für Letzteres entscheiden, sollten Sie reichlich Tüten und Stifte bereithalten.

NEUES LERNEN

Bestimmt haben Sie Freunde oder Bekannte, die etwas Besonderes können. Ob Imkerei, Korbflechterei, Kochen, Vogelkunde, Fotografie oder Basteln: Wissen aller Art bereichert die Gartengemeinschaft. Vielleicht müssen Sie die Gruppenmitglieder gezielt ansprechen, um etwas über ihr spezielles Wissen herauszufinden. Und wenn Sie die Veranstaltung als zwangloses gemeinsames Lernen definieren, mögen sicherlich auch Menschen ihr Wissen teilen, die ansonsten ungern vor anderen sprechen.

Vordergründig scheint die Imkerei kein «Gartenthema» zu sein. Tatsächlich spielen Bienen aber als Bestäuber eine wichtige Rolle. Den Honig liefern sie gratis dazu.

Wer etwas Neues lernen will, findet im Internet zahllose Beschreibungen, Anleitungen und Videos, aber es ist viel angenehmer, wenn eine reale Person die Thematik erklärt und beim Ausprobieren des Gelernten mit Rat und Tat zur Seite steht. Außerdem macht das Lernen in einer geselligen Gruppe mehr Spaß.

Die Planung

Die Organisation hängt davon ab, ob die Veranstaltung ein Thema oder mehrere hat. Ein Tagesseminar über Bienenhaltung könnte beispielsweise aus einem Vortrag oder einer Vorführung eines Imkers bestehen, außerdem könnten die Teilnehmer Honig schleudern oder einen Bienenstock bauen. Eine so aufgebaute Veranstaltung spricht zwar eine große Gruppe von Menschen an, die sich für das Thema interessieren, ist ansonsten aber nicht sehr publikumswirksam.

Alternativ wäre denkbar, einen ganzen Tag lang im Stundenrhythmus ganz verschiedene Inhalte zu behandeln. So präsentiert jeder Teilnehmer ein Thema und lernt etwas aus vielen anderen Wissensgebieten. Der Organisationsaufwand ist etwas höher, zumal mehr Personen mit Spezialwissen gefunden werden müssen, aber das Gemeinschaftserlebnis ist intensiver, wenn alle Beteiligten etwas zum «Lernprogramm» beitragen.

Bieten Sie verschiedene Lernthemen und Aktivitäten an, damit alle mitmachen können.

Gemeinsam lernen und essen

Um die Veranstaltung aufzulockern und die Teilnehmer miteinander ins Gespräch zu bringen, könnten Sie ein gemeinsames Mittagessen anbieten. Es darf gern etwas Einfaches sein, vielleicht Brot und Käse oder eine Suppe. Alternativ könnten Sie alle Teilnehmer bitten, etwas für ein Büffet mitzubringen. Selbst wenn einige vergessen, etwas mitzubringen, sind die übrigen meist großzügig, sodass genug für alle da ist. Und vielleicht stellt sich ganz nebenbei heraus, dass jemand außergewöhnlich gut kochen kann und dieses Wissen beim nächsten gemeinsamen Lernevent mit anderen teilen möchte.

Kapitel Drei

Gartenanlage und Pflanzenwahl

Wer bisher nur einen kleinen Garten oder einen Blumenkasten hatte, findet die Vorstellung, ein größeres Stück Land zu beackern, vielleicht etwas einschüchternd. Selbst für erfahrene Gärtner kann es gewöhnungsbedürftig sein, in einer Gartengemeinschaft mitzuarbeiten. Darum ist es sinnvoll, klare Vorstellungen und Zielsetzungen zu haben.

Ob Sie den Garten gemeinschaftlich bestellen oder in Einzelbeete aufteilen wollen, der Erfolg steht und fällt mit der richtigen gärtnerischen Bewirtschaftung. Ein durchdachter Arbeitsplan sorgt dafür, dass die Gruppenmitglieder und die freiwilligen Helfer langfristig bei der Stange bleiben.

In diesem Kapitel möchte ich das nötige Grundwissen vermitteln, damit Ihr Gemeinschaftsgarten beste Startvoraussetzungen hat. Neben Themen wie Bodenvorbereitung und -verbesserung, Kompostierung und Bewässerung wird es auch um die richtige Pflanzenwahl, das Sammeln von Samen und die Fruchtfolge gehen.

NEULAND – UND NUN?

Jedes Stück Land hat seine ganz eigenen Charakteristika, und es dauert eine Weile, bis man versteht, was man von seinem Land erwarten kann und was nicht. Manche Pflanzen werden gut gedeihen, andere werden sich schwertun. Vieles werden Sie mit der Zeit lernen. Es gibt aber Möglichkeiten, das Potenzial eines Grundstücks einzuschätzen und so für einen guten Start zu sorgen.

Boden

Sie sollten den Boden genau kennen lernen. Wenn in den letzten Jahren auf dem Grundstück kein Gartenbau betrieben wurde, fällt vielleicht mehr Arbeit an als auf einem Gelände, dessen Geschichte Sie kennen.

Bevor Sie etwas pflanzen, graben Sie einige Löcher. Prüfen Sie, wie dick die Mutterbodenschicht ist, und nehmen Sie Bodenproben, um eventuellen Problemen auf die Spur zu kommen. Dabei geht es hauptsächlich um fehlende oder überschüssige Nährstoffe. In Stadtgebieten und auf ehemaligem Industriegelände kann der Boden aber auch kontaminiert sein. Dann bleibt nur die Lösung, Hochbeete zu bauen.

Firmen, die Bodenproben analysieren, sind über das Internet zu finden. Sie könnten auch eine örtliche Gärtnerei fragen. Beauftragen Sie möglichst eine Firma, die keine Düngemittel verkauft, denn die Verkaufsabsicht wird die Beratung beeinflussen. Es gibt inzwischen auch verschiedene Verfahren, die Gesundheit der Bodenfauna zu untersuchen.

Drainage

Es ist wichtig zu wissen, ob ein Teil des Geländes in regenreichen Phasen des Jahres jeweils längere Zeit unter Wasser steht. Das lässt sich nach einem heftigen Regen leicht feststellen. Stecken Sie Bereiche, auf denen Wasser steht, ab. Schauen Sie einen Tag später und nochmals nach drei Tagen nach, wie schnell das Wasser versickert. Pfützen, die schnell verschwinden, sind unbedenklich. Dauerhafte Nässe kann aber Probleme verursachen. Eventuell müssen Sie den Boden aufgraben und Drainagerohre verlegen.

Die Bodenqualität bestimmt, ob die Pflanzen gut gedeihen. Nährstoffarmer Boden lässt sich manchmal mit Kompost oder abgelagertem Stallmist verbessern.

Der Bodentyp hat Einfluss darauf, was wo wachsen kann. Sandiger Boden ist sehr wasserdurchlässig und trocknet bei heißem Wetter schnell aus. In schwerem Lehmboden droht hingegen Staunässe. Am besten gedeihen Pflanzen auf durchlässigem Boden mit Lehmanteilen.

Die Nachbarn fragen

Wenn es möglich ist, sollten Sie die Nachbarn nach ihren Erfahrungen fragen. Dabei bekommt man meist gute Informationen über die Grundstücksgegebenheiten. Vielleicht kennen die Nachbarn sogar die Geschichte des Grundstücks und wissen, was dort früher gut wuchs. Wenden Sie sich an einen örtlichen Gartenverein oder klopfen Sie einfach an die Türen in der Umgebung. Die meisten Gärtner sind hilfsbereit und teilen ihr Wissen gern. Wer weiß, womöglich finden Sie sogar neue Mitglieder für Ihre Gemeinschaft.

Grenzen akzeptieren

Das perfekte Stück Land gibt es nicht. Jedes Grundstück hat Schwächen, doch wenn man sie kennt, kann man ihnen aus dem Weg gehen oder sie sogar gezielt nutzen. Ist das Grundstück klein, muss man entscheiden, was angebaut werden soll und was nicht. Ist es zu groß, gilt es zu vermeiden, mehr Pflanzen anzubauen, als man versorgen und verwerten kann. Dabei spielen Zeit, Kosten und Ausrüstung eine Rolle.

Andere Schwierigkeiten können sich ergeben, wenn der Boden zu schwer oder zu leicht ist, wenn das Grundstück ein starkes Gefälle hat oder wenig Sonne bekommt. Auch die Auswirkung des Mikroklimas wird oft unterschätzt. Meist findet man erst mit der Zeit heraus, wo Frostfallen oder Windkanäle liegen und welche Bereiche sich am schnellsten erwärmen. Wird das Gelände in Einzelbeete aufgeteilt, müssen die besten Standorte nach einem fairen Verfahren vergeben werden. Manche Gemeinschaften bieten frei werdende Beete in guter Lage zuerst Mitgliedern an, bevor sie an Neuzugänge vergeben werden.

DIE AUFTEILUNG PLANEN

Besprechen Sie die Aufteilung des Gartens mit den Gruppenmitgliedern. Am besten zeichnen Sie eine genaue Skizze. Versuchen Sie, dabei möglichst alle Wünsche und Erwartungen einzubeziehen, selbst wenn das etwas Zeit kostet. Neben der Bepflanzung sind weitere Punkte zu bedenken: Zugang, eventuelle Verkaufsstände, Anforderungen der Beschäftigten, Gesundheit und Sicherheit, Parkmöglichkeiten und Sicherheit. Da nicht alles sofort umgesetzt werden kann, müssen Prioritäten gesetzt werden.

Viele Faktoren beeinflussen die Gestaltung eines Gemeinschaftsgartens. Von der Größe des Grundstücks hängt ab, wie viele Wege nötig sind. Der Zustand des Bodens kann den Bau von Hochbeeten nötig machen, die in Höhe und Größe wiederum auf die Bedürfnisse der Nutzer zugeschnitten sein müssen. Wenn ein Traktor vorhanden ist, müssen die Wege breit genug sein. Gehen Sie Schritt für Schritt vor.

Gebäude und Sozialbereiche

Eventuell sind Gebäude wie ein Gewächshaus oder ein Werkzeugschuppen erforderlich. Auch in einer Anlage mit einzelnen Parzellen kann ein Gemeinschaftsraum für Versammlungen und Veranstaltungen wünschenswert sein, vielleicht auch ein abschließbarer Schuppen, in dem Werkzeug diebstahlssicher verstaut werden kann. Solche Gebäude müssen in die Budgetplanung einbezogen werden.

Was wird angebaut?

Bei der Wahl der Pflanzen sind neben rein gärtnerischen Aspekten auch andere Fragen zu bedenken. Wo verlaufen Wege? Welche Pflanzen sollen ganzjährig leicht zugänglich sein? Wie sieht es mit der Wasserver-

GEWÄCHSHÄUSER UND TUNNEL

Gewächshäuser und Folientunnel sind nicht unbedingt nötig, verlängern aber die Saison und vergrößern die Vielfalt der möglichen Pflanzen. Die Wahl des Materials ist letztlich eine Kostenfrage. Hier folgen einige Tipps zur Platzierung.

- Bei Einzelbeeten muss festgelegt werden, ob jeder Nutzer einen Tunnel oder ein Gewächshaus errichten darf.
- Auf abschüssigen Grundstücken Tunnel parallel zum Gefälle errichten. Der Niveauunterschied verbessert die Luftzirkulation und beugt so Krankheiten vor.
- Der geschützte Pflanzraum ist besonders wertvoll und sollte den optimalen Standort bekommen (also nicht im Schatten). Lichtmangel wirkt sich beispielsweise bei Tomaten negativ auf den Ertrag aus.
- Um das Ernten im Winter zu erleichtern, sollten Gewächshäuser in der Nähe des Eingangs zum Gelände stehen.

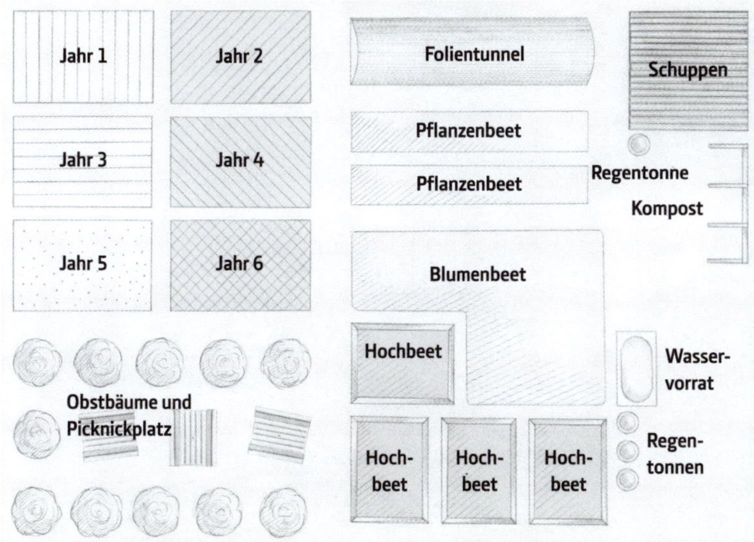

Mithilfe von Skizzen lassen sich verschiedene Aufteilungsmöglichkeiten gut veranschaulichen. Bevor Sie sich entscheiden, sollten Sie mögliche Lösungen auf dem Gelände abstecken, um sie sich besser vorstellen zu können.

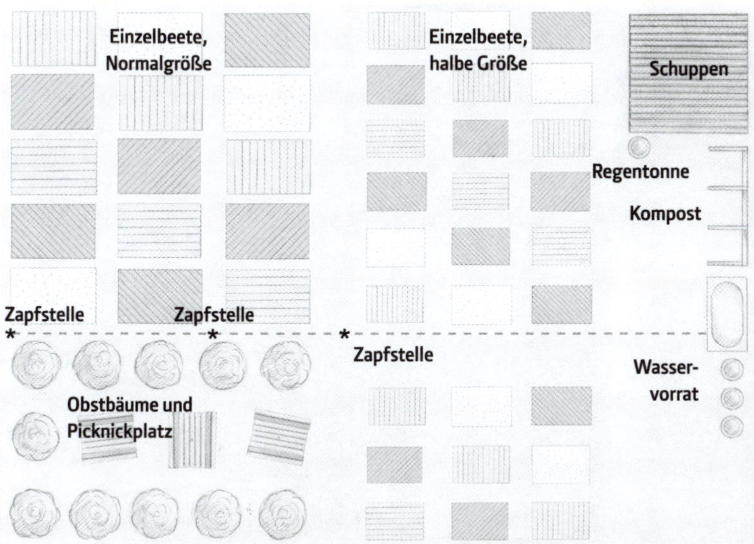

Ist der Garten in individuelle Beete aufgeteilt, müssen gemeinsam genutzte Einrichtungen und Bereiche für alle Gruppenmitglieder leicht zugänglich sein.

sorgung aus? In einem parzellierten Garten entscheidet jeder Nutzer individuell. Eine kleine Gruppe kann gemeinschaftlich entscheiden. Eine große Gemeinschaft sollte die Auswahl an eine Person oder ein kleines Gremium delegieren und im Lauf der Zeit korrigieren, wenn sich Vorlieben herauskristallisieren.

Pflanzen mögen Regenwasser

Das Auffangen von Regenwasser von Gebäuden, Gewächshäusern oder Folientunneln ist eine umweltfreundliche Maßnahme und verursacht wenig Kosten. Wenn möglich, sollten die Sammelbehälter etwas erhöht stehen, damit die Schwerkraft Pumpen überflüssig macht. Für den Gemüseanbau in größerem Stil wird erstaunlich viel Wasser benötigt. Lässt sich die Bewässerung mit Gießkannen oder Schlauch erledigen? Eine Bewässerungsanlage ist praktisch, aber kostspielig.

DEN BODEN BEREITEN

Für die Gesundheit des Bodens muss langfristig gesorgt werden. Verlangt man dem Boden in der Anfangszeit zu viel ab, kann es später zu Problemen kommen. Besser ist, zunächst die Fruchtbarkeit zu verbessern, selbst wenn dadurch die Erträge vorübergehend geringer ausfallen. Welche Maßnahmen zur Bodenverbesserung ergriffen werden, hängt vom Zeitpunkt ab, zu dem das Gelände übernommen wird.

Manche Methoden lassen sich nur auf kleinen Flächen umsetzen, für andere sind spezielle Maschinen erforderlich. Wählen Sie Methoden, die auf Gegebenheiten und Größe Ihres Gartens zugeschnitten sind. Bedenken Sie, dass man mit Maschinen auch Schaden anrichten kann. Das habe ich früh in meiner Laufbahn lernen müssen: Die Schalottenernte war ruiniert, und die Erträge fielen mehrere Jahre lang bescheiden aus, bis sich der Boden wieder erholt hatte.

Sommer und Frühherbst

Abgesehen von einigen schnell wachsenden oder überwinternden Arten kann man zu dieser Zeit nicht viel pflanzen. Nutzen Sie diese Gelegenheit, um Gründünger zu säen, der den Boden anreichert. Zuerst wird der Boden gepflügt oder umgegraben und geharkt. Dann können Sie Gründüngerpflanzen säen, beispielsweise Hülsenfrüchtler, Süßgräser oder tief wurzelnde Arten wie Ölrettich. Ihre Wirkung setzt schnell ein, und wenn die Fläche im folgenden Jahr nicht bepflanzt werden soll, können die Gründüngerpflanzen stehen bleiben.

Eine Motorhacke zerkleinert grobe Erdklumpen und eignet sich gut, um größere Flächen für die Aussaat vorzubereiten. Wichtig ist, Unkraut zuerst gründlich zu entfernen, sonst besteht die Gefahr, mehrjährige Unkräuter beim Hacken zu vermehren.

Unkraut geht durch Lichtmangel ein, wenn man es mit Pappe und einer Schicht Kompost abdeckt. Durch Einschnitte in der Pappe können Kürbisse gepflanzt und so das Beet trotz Unkrautbekämpfung benutzt werden.

Spätherbst bis Vorfrühling

Im Spätherbst ist es in den meisten Gegenden zu kalt für die Saat von Gründüngerpflanzen. In kleineren Gärten kann man den Boden jetzt mit Pappe oder schwarzer Folie abdecken. Dadurch sterben die meisten einjährigen Unkräuter ab, der Boden ist im Frühjahr «sauber» und braucht nur leicht mit einer Grabgabel oder Harke durchgearbeitet zu werden. Denselben Zweck erfüllen Gartenkompost und Stroh, die aber in großen Mengen schwieriger zu beschaffen sind. Noch im Beet stehende Pflanzen müssen vor dem Abdecken direkt über dem Boden abgeschnitten werden, beispielsweise mit einem Rasentrimmer oder einer Motorsense. Das Schnittgut kann liegen bleiben, es verrottet über Winter.

Spätfrühling bis Frühsommer

Um diese Zeit möchte man Nutzpflanzen anbauen. Wenn der Boden nicht in ganz schlechtem Zustand ist, kann er umgegraben und bepflanzt werden. Für große Flächen empfiehlt sich der Einsatz von Maschinen. Auf Bereiche, die nicht sofort bepflanzt werden, sollten Sie Gründünger säen. Kurzlebige Arten wie Senf oder Phacelia eignen sich für Flächen, die in naher Zukunft benötigt werden. Für Bereiche, die im Rahmen der Fruchtfolge ein Jahr ruhen sollen, sind langlebige Gründüngerpflanzen (siehe vorige Seite) die beste Wahl.

Gründüngerpflanzen besetzen Fläche und sind nicht essbar, aber sie verbessern den Boden und sorgen so dafür, dass er in Zukunft gesunde Pflanzen und gute Erträge hervorbringt.

GÄRTNERN OHNE BODEN

Wenn der Gemeinschaftsgarten auf einer versiegelten Fläche entstehen soll, oder wenn der Boden unbrauchbar oder kontaminiert ist, muss Kompost oder Mutterboden herbeigeschafft werden. In diesem Fall sind Hochbeete oder große Behältnisse, die einzeln oder gemeinsam bepflanzt werden können, die sinnvollste Lösung.

Hochbeete müssen kein Vermögen kosten. Man kann sie aus Naturmaterialien leicht selber bauen – und zwar genau in der gewünschten Größe. Geeignet sind eigentlich alle wasserdurchlässigen Materialien.

Es ist gar nicht so einfach, einen guten Lieferanten für Mutterboden und Kompost zu finden. Kübel müssen komplett mit hochwertigem Substrat gefüllt werden. Für Hochbeete und Behälter ähnlicher Größe genügt als unterste Schicht ein preiswerteres Material.

Nehmen Sie sich ausreichend Zeit für die Recherche. Es gibt inzwischen verschiedene innovative Hochbeet-Lösungen, die nur geringfügig bewässert werden müssen. Auch sich selbst düngende Hügelbeete oder Keyhole Gardens lohnen einen Versuch.

Für große Pflanzcontainer wie diese Kippmulden braucht man viel preiswerten Mutterboden. Wenn er in den folgenden Jahren regelmäßig verbessert wird, kann er lange genutzt werden.

Das richtige Substrat

Pflanzen haben unterschiedliche Bedürfnisse. Reservieren Sie Substrat von bester Qualität für Pflanzen, die hohe Ansprüche stellen. Ein Obststrauch kann beispielsweise in gröbere Erde gepflanzt werden, während zur Aussaat feines Substrat nötig ist. Vielleicht können Sie von einem Betrieb, der Bäume beschneidet, Hackschnitzel bekommen. Sie eignen sich als Mulchmaterial für größere Pflanzbehälter oder können kompostiert und danach als Kübel- oder Anzuchtsubstrat verwendet werden. Der britische Gärtner Iain Tolhurst hat gezeigt, dass das mit einem einfachen, technisch unkomplizierten Kompostierungssystem möglich ist (www.soilassociation.org).

Mutterboden kaufen

Manche Anbieter können Analysedaten des angebotenen Mutterbodens zur Verfügung stellen. Achten Sie vor allem auf den Schwermetallgehalt und versuchen Sie möglichst herauszufinden, woher der Boden ursprünglich stammt. Minderwertiger Boden enthält oft Verunreinigungen, Unkrautsamen oder schlimmstenfalls Reste von hartnäckigen mehrjährigen Unkräutern.

Fremdstoffe und Gifte

In manchen Regionen gibt es Kompostierungsanlagen, die Gartenabfälle verwerten. Dort gibt es auch Pflanzsubstrate günstig zu kaufen. Die Qualität kann aber schwanken. Obwohl der Kompost in der Anlage gesiebt wird, kann er Fremdstoffe enthalten, beispielsweise kleine Glas- oder Plastikpartikel, die mit bloßem Auge nicht zu erkennen sind.

Manche Herbizide (z. B. Aminopyralid und Clopyralid), die zur Bekämpfung von Gras und zweikeimblättrigen Unkräutern eingesetzt werden, können ebenfalls die Kompostierung überstehen und Ihre Pflanzen schädigen. Säen Sie zur Probe Ackerbohnen. Sie reagieren empfindlich auf Gifte und neigen auf kontaminiertem Boden zu Krüppelwuchs.

Den Boden verbessern

Wenn guter Mutterboden oder hochwertiges Substrat nicht erhältlich oder zu teuer ist, bleibt noch die Möglichkeit, den im Garten vorhandenen Boden zu verbessern, sofern er nicht stark kontaminiert ist. Um seine Struktur zu verbessern und Nährstoffe zuzuführen, wird reichlich gut verrotteter Kompost untergegraben. Diese Maßnahme kostet viel Zeit, und es kann einige Jahre dauern, bis der Boden gute Erträge bringt. Auf kontaminierten Böden kann Pflanzenkohle eingesetzt werden. Sie begünstigt die Bindung von Schwermetallen und schützt so das Bodenleben und die Nutzpflanzen.

BEWÄSSERUNG

Ohne Wasser können Pflanzen nicht wachsen. Gelegentliche Regenschauer genügen nicht, um gesunde und ertragreiche Pflanzen heranzuziehen. Pflanzen unter Dach, in Kübeln und Containern müssen häufig gegossen werden, und selbst in gutem, tiefgründigem Boden kommen sie nicht ohne Wassergaben aus. Darum ist die Bewässerung für jeden Nachbarschaftsgarten ein wichtiges Thema.

Die beste Wahl ist Regenwasser. Es kostet nichts und enthält oft weniger Verunreinigungen als Leitungswasser. Allerdings fällt Regen selten dann, wenn er gebraucht wird. Also muss über Alternativen wie Brunnen oder Leitungswasser nachgedacht werden. Sie könnten auch bewusst Pflanzen wählen, die mit wenig Wasser auskommen. Auf den folgenden Seiten finden Sie Tipps zur Bewässerung und zum Sammeln von Regenwasser.

Die Bepflanzung sollte auf die Bewässerungsbedingungen abgestimmt sein. Steht wenig Wasser zur Verfügung, empfehlen sich Gemüsearten, die nicht sehr durstig sind. Denkbar ist auch, die Jahresverbrauchsmenge pro Nutzer zu begrenzen. Wenn jedes Beet einen eigenen Wasserhahn hat, lässt sich der Verbrauch leichter kontrollieren.

Gießgewohnheiten

Gibt man den Pflanzen häufig kleine Wassermengen, breiten sich die Wurzeln an der Erdoberfläche aus und vertrocknen leichter. Größere Wassergaben im Abstand von zwei oder drei Tagen bewirken, dass die Wurzeln in die Tiefe wachsen. So überleben die Pflanzen kurzzeitige Trockenheit besser. Manche Früchte können durch seltenere, reichliche Bewässerung platzen, dennoch empfiehlt sich diese Methode für alle, die nicht täglich in den Garten kommen können.

Die Größe des Gartengeländes hat Einfluss auf die geeignete Bewässerung. Für ein kleines Grundstück kann ein Schlauch vollkommen ausreichen. Für eine große Anlage sind andere, in der Regel kostspieligere Lösungen erforderlich.

Eine Tropfbewässerung mit Düsen, die die einzelnen Pflanzen gezielt versorgen, ist flexibel und sparsam, weil sich die abgegebene Wassermenge präzise regulieren lässt. Allerdings ist sie auch mit Kosten verbunden.

Bewässerungssysteme

Größe und Aufteilung des Gartens spielen für die Bewässerung eine Rolle. Eventuell müssen Rohre verlegt werden, die zu einigen Zapfstellen führen. Soll jedes Beet einen Wasseranschluss bekommen, ist eine kompliziertere Installation nötig. Grundsätzlich sollten Zapfstellen an Wegen oder Beeträndern platziert werden, damit man sie erreichen kann, ohne die Pflanzflächen betreten zu müssen.

Dann ist zu überlegen, wie das Wasser zu den einzelnen Pflanzen gelangen soll. Für kleine oder neu angelegte Gärten und Einzelbeete genügt ein preiswerter Schlauch, zumal er auch mit niedrigem Wasserdruck funktioniert. Allerdings kostet die Bewässerung mit dem Schlauch in Trockenperioden viel Zeit und die Wassermenge lässt sich schlecht dosieren.

Für große Gärten empfiehlt sich ein automatisches Bewässerungssystem. Eine im Beet verlegte Tropfbewässerung ist effizient und sparsam, in der Anschaffung aber recht teuer, und sie kann bei der Beetpflege stören. Sprinkleranlagen sind preiswerter, verbrauchen aber mehr Wasser und benetzen die Blätter, was bei manchen Pflanzen Pilzbefall begünstigen kann. Sie können in Gewächshäusern und Folientunneln an der tragenden Konstruktion montiert werden. Tropfschläuche eignen sich für Salat und ähnliche Pflanzen, die in geringen Abständen gesetzt werden. Für größere Pflanzen wie Tomaten sind separate Tropfdüsen vorteilhafter.

WAS SPRICHT GEGEN LEITUNGSWASSER?

In vielen Gärten wird Leitungswasser verwendet, weil es sauber und immer verfügbar ist. Es gibt aber auch Gründe, die dagegen sprechen.

- Die Kosten sind verbrauchsabhängig und können hoch sein.
- Zusätze wie Chlor, Fluor oder Natrium sollen der Gesundheit der Menschen dienen, können Pflanzen aber schaden.
- In manchen Gegenden weist das Wasser einen hohen pH-Wert auf, der vielen Pflanzen schlecht bekommt.
- Regenwasser enthält (anders als Leitungswasser) geringe Mengen Stickstoff, der das Pflanzenwachstum fördert.

Eine gute Alternative besteht darin, Regenwasser zu sammeln (siehe Seite 68–69). Auch die Bohrung eines Brunnens ist denkbar, erfordert aber meist eine Genehmigung. Selbst für einen einfachen Brunnen werden eine Pumpe und eventuell ein Filter benötigt, die wiederum Kosten verursachen. Diese Investition lohnt sich darum eher für größere Anlagen.

REGENWASSER SAMMELN

Es hat viele Vorteile, Regenwasser aufzufangen und zu sammeln. Es kostet nichts und es bekommt den Pflanzen gut. Leitungswasser andererseits muss geklärt und aufbereitet werden. Dafür wird viel Energie benötigt, was in Bezug auf die Umwelt nachteilig ist und außerdem Kosten verursacht. Durch das Auffangen von Regenwasser lässt sich bei starkem Regen die Überflutung von Beeten vermeiden.

Dachrinnen zum Auffangen von Wasser können an fast allen Gartengebäuden montiert werden. Regentonnen sind preiswert, haben aber ein relativ geringes Fassungsvermögen und sind nicht sehr langlebig.

Regenwasser auffangen

Am einfachsten lässt sich Regenwasser von Dachflächen auffangen. Sind bereits Dachrinnen vorhanden, kann das Wasser durch Fallrohre in Sammelbehälter geleitet werden. Dachrinnen an Gewächshäusern und Folientunneln sorgen dafür, dass Wasser dort zur Verfügung steht, wo es gebraucht wird. Mit einem Teich kann sogar Wasser gesammelt werden, das von höherem Gelände abfließt. Diese Lösung ist preiswert, aber das Wasser ist nicht sonderlich sauber.

Mögliche Wasserausbeute

Die Wassermenge, die gesammelt werden kann, ergibt sich aus der Auffangfläche und der örtlichen durchschnittlichen Regenmenge pro Monat. Auf einem Quadratmeter Fläche beträgt die Ausbeute pro Millimeter Regen etwa 1 Liter. Davon kann bis zur Verwendung ein Viertel verloren gehen. Die Formel zur Berechnung der möglichen Wasserausbeute pro Jahr lautet: Fläche (in Quadratmetern) x 75 % der jährlichen Niederschlagsmenge (in Millimetern).

Wasservorrat

In kleinen Nachbarschaftsgärten kann der Wasservorrat in Regentonnen, alten Badewannen oder anderen wasserdichten Behältern aufbewahrt werden. Für größere Anlagen sind in den meisten Fällen robuste Tanks oder ähnliche Lösungen nötig, die kostspielig sein können. Es kann sogar Vorteile haben, Leitungswasser zu lagern, damit das Chlor verdunsten kann. Tanks füllt man am besten nachts, wenn der Wasserverbrauch geringer und der Wasserdruck höher ist.

Ein Vorratstank sollte mindestens so groß sein, dass er die Regenwasserausbeute einer Woche fasst. Berechnen Sie anhand der örtlichen Niederschlagsmenge, wie viel Wasser im Lauf einer Woche gesammelt werden kann (siehe gegenüber), und beschaffen Sie einen Tank mit entsprechendem Volumen.

Bewässerung

Ein kleiner Garten oder ein Einzelbeet lässt sich leicht mit einer Gießkanne bewässern. Für eine größere Anlage ist ein Schlauch praktischer, eventuell auch eine automatische Bewässerungsanlage (siehe Seite 66–67). Falls eine Pumpe benötigt wird, muss deren Leistung auf die Wassermenge, die Gesamtlänge der Leitungen und eventuelle Höhenunterschiede abgestimmt sein.

Wasserqualität

Es kann problematisch sein, verunreinigtes Wasser für junge Sämlinge oder Pflanzen wie Salat zu verwenden, die direkt aus dem Beet gegessen werden. Um gesundheitliche Risiken zu vermeiden, empfiehlt sich der Einbau eines Filters. In ländlichen Regionen kann das Wasser auch durch Herbizide oder Pestizide, die in der Landwirtschaft zum Einsatz kommen, kontaminiert sein.

Sammelbehälter sollten einen Deckel haben, damit weder Schmutz noch Laub ins Wasser fallen können. Auch die Vermehrung von Mücken und anderen Insekten, die Krankheiten übertragen können, wird so vermieden. Das Abdecken von Teichen und Becken ist allein wegen der Größe ein teures Unterfangen.

Zum Sammeln von Regenwasser eignet sich eigentlich jedes wasserdichte Behältnis. Wer Spaß an einem originellen Blickfang hat, könnte auch eine ausgediente Badewanne recyceln.

In einem ausreichend großen Garten kann auch ein Teich ausgehoben werden, um Regenwasser zu sammeln. Wenn der Boden nicht sehr tonig ist, muss er allerdings mit Teichfolie ausgelegt werden.

EINEN SCHUPPEN BAUEN

Viele Gartengemeinschaften entschließen sich zum Bau eines Schuppens, in dem Werkzeug und Arbeitskleidung verstaut werden kann, und in dem sich die Nutzer bei Regen unterstellen können. Natürlich kann man sich dort auch mit anderen Gruppenmitgliedern treffen, um sich auszutauschen, über das Wetter zu schimpfen oder das gemeinsame Werk zu bewundern.

Einen stabilen, regendichten Schuppen muss man nicht für viel Geld kaufen: Man kann ihn aus gebrauchten Materialien selbst bauen. Vielleicht gibt es Gruppenmitglieder, die handwerkliche Erfahrung mitbringen. Aber selbst wenn das nicht der Fall ist, kann der Schuppenbau ein tolles Teamerlebnis sein. Sie werden viel dabei lernen und Ihr Bauwerk voller Stolz benutzen.

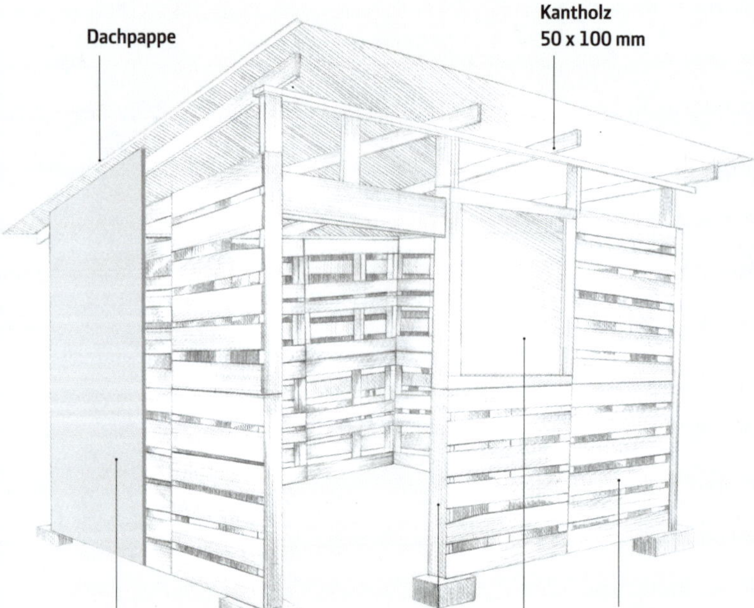

EIN SCHUPPEN AUS PALETTEN

Sie brauchen:

- Viele Paletten, am besten gleich groß
- Betonblöcke oder massive Ziegel
- Lange Kanthölzer (gern gebraucht): 100 x 100 mm für die Pfosten, 50 x 100 mm für die Dachkonstruktion
- Platten und Dachpappe oder Wellblech für das Dach
- Wandverkleidung – preiswertes Sperrholz, gebrauchte Profilbretter oder anderes gebrauchtes Material, selbst Paletten sind geeignet.
- Robuste Schrauben und Muttern zum Montieren der Paletten

Wie einfach oder raffiniert ein Schuppen ausfällt, hängt von den verfügbaren Materialien und dem handwerklichen Ehrgeiz ab. Auch ausrangierte Eisenbahnwaggons oder Seecontainer lassen sich gut umfunktionieren.

Die Grundkonstruktion

Weil Paletten relativ klein sind, muss die Grundkonstruktion stabil sein. Auf festem Untergrund kann eine selbsttragende Konstruktion aufgestellt werden. Sicherer steht sie, wenn die Pfosten in den Boden gerammt oder einbetoniert werden, allerdings können Holzpfosten im Boden mit der Zeit verrotten.

Der Boden

Als Fußboden können Paletten verwendet werden. Wichtig ist, sie auf Ziegel oder Betonblöcke zu legen, um sie vor Bodenfeuchtigkeit zu schützen. Wenn der Boden weich ist, graben Sie unter jedem Betonblock ein Loch, das mit verdichtetem Schotter gefüllt wird. Achten Sie darauf, die Blöcke auf einheitlicher Höhe zu verlegen, damit der Fußboden nicht schief wird.

Wände, Türen und Fenster

Sie bestehen aus aufrecht gestellten Paletten, die mit soliden Schrauben an den Pfosten befestigt werden. Die Abstände der Pfosten sollten zwei bis drei Palettenbreiten entsprechen, damit der Schuppen stabil wird. Gebrauchte Fenster und Türen lassen sich leicht in den selbstgebauten Schuppen integrieren.

Dach und Verkleidung

Wenn die Wände stehen, wird das Dach gebaut. Ein Flachdach ist einfacher zu konstruieren, hält aber meist nicht so lange. Eine Neigung von 10 Grad sollte es mindestens haben, damit Regenwasser gut abfließt und gesammelt werden kann. Zuletzt können die Außenwände noch verkleidet werden, damit der Schuppen wasserdicht und wetterfest wird.

NÄHRSTOFFE: BODEN

Die Erträge des Nachbarschaftsgartens stehen und fallen mit der Bodenqualität. Der Boden muss gepflegt und immer wieder angereichert werden. Genau wie Menschen, brauchen auch Pflanzen Nährstoffe, um zu überleben und gesund zu bleiben. Die Pflanzen holen sich durch ihre Wurzeln aus dem Boden, was sie benötigen. Die restliche Substanz bildet die Lebensgrundlage der Mikroorganismen im Boden.

Bio-Gartenbau

Im konventionellen Anbau werden künstlich hergestellte Nährstoffe eingesetzt, um die Bedürfnisse einzelner Pflanzenarten zu decken. Kurzfristig können diese Stoffe wirksam sein. Langfristig bewirken sie aber oft einen Abbau der organischen Substanz im Boden und eine Verringerung der Bodenfruchtbarkeit. Besonders schwierig ist der Umgang mit Stickstoff. Er ist für das Wachstum notwendig, wird aber leicht aus dem Boden ausgeschwemmt, weil er wasserlöslich ist. Darum werden im Bio-Gartenbau Hülsenfrüchtler eingesetzt – als Ertragsfrucht und auch als Gründünger (siehe unten).

Organische Substanz

Um die Fruchtbarkeit des Bodens zu verbessern, muss er mit organischer Substanz angereichert werden. Sie enthält Nährstoffe und fördert außerdem die Mikroorganismen im Boden, deren Ausscheidungen wiederum Nährstoffe für die Pflanzen liefern. Am besten eignet sich gut verrotteter Kompost zur Bodenverbesserung. Alternativ können auch kompostierte Holzhackschnitzel, Stallmist, Pilzsubstrat oder Biokohle verwendet werden – je nachdem, was Ihnen zur Verfügung steht.

Gründünger

Als Gründünger bezeichnet man Pflanzen, die nicht geerntet werden. Ihr Zweck besteht ausschließlich darin, Beschaffenheit und Fruchtbarkeit des Bodens zu verbessern. Sie können breitwürfig auf Flächen gesät werden, die vorübergehend brachliegen (siehe Seite 62), aber auch unter anderen Nutzpflanzen, um den Boden vor Verdichtung oder Nährstoffverlust bei starkem Regen zu schützen. Als Untersaat für Kürbisse und Kohl werden beispielsweise gern niedrige Hülsenfrüchtler verwendet.

Tief wurzelnde Gründüngerpflanzen wie Zichorie oder Ölrettich können Nährstoffe aus tieferen Bodenschichten verfügbar machen. Eine wichtige Maßnahme zur Erhaltung der Bodenfruchtbarkeit besteht darin, eine Fruchtfolge einzuhalten und zu vermeiden, bestimmte Arten mehrmals nacheinander auf dieselbe Fläche zu pflanzen (siehe Seite 82–83).

Fruchtbarkeit erhalten

Langfristig ist es wichtig, die Fruchtbarkeit zu erhalten. Besonders wichtig ist die organische Substanz im Boden, weil sie wie ein Schwamm Wasser und die darin gelösten Nährstoffe aufnimmt. Wenn der Boden stark verdichtet ist, werden die Poren in dieser schwammartigen Substanz zerstört. Darum muss der Boden behutsam behandelt werden.

Zusatzstoffe

Manchmal müssen dem Boden ergänzende Nährstoffe zugeführt werden. Man kann Mikronährstoffe sparsam direkt ausbringen. Ich empfehle aber, sie auf den Komposthaufen zu geben und den angereicherten Kompost auf dem Boden zu verteilen.

Auch ein sehr hoher (alkalischer) oder niedriger (saurer) pH-Wert des Bodens kann die Verfügbarkeit von Nährstoffen beeinträchtigen. Kalk hebt den pH-Wert an, Schwefel senkt ihn.

Gründünger zwischen Kohlköpfen schützt den freien Boden. Wählen Sie langsam wachsende Gründünger-Arten, damit sie die Nutzpflanzen nicht bedrängen oder ihnen das Licht nehmen.

Die Erträge jedes Nutzgartens hängen vom Boden ab, in dem die Pflanzen wachsen. Sorgen Sie vor der Aussaat oder Pflanzung dafür, dass der Boden nährstoffreich ist. Minderwertiger Boden in Hochbeeten kann mit reichlich Kompost oder verrottetem Stallmist angereichert werden.

NÄHRSTOFFE: PFLANZBEHÄLTER

Nur in sehr großen Pflanzbehältern und Hochbeeten ist es möglich, die Fruchtbarkeit des Bodens langfristig zu gewährleisten. Kleinere Behälter sollten mit hochwertigem Substrat gefüllt werden, das regelmäßig ausgewechselt werden muss. Pflanzen mit hohem Nährstoffbedarf müssen während der Saison zusätzlich gedüngt werden. Außerdem ist es wichtig, das Substrat in Pflanzbehältern stets feucht zu halten.

Flüssigdünger

Selbst in hochwertigem Substrat benötigen manche Pflanzen zusätzliche Nährstoffe, wenn sie in kleineren Behältern dennoch gute Erträge bringen sollen. Tomaten beispielsweise brauchen viel Kalium, wenn die Fruchtbildung beginnt, und sollten wöchentlich mit einem Flüssigdünger versorgt werden, damit die Pflanzen bei Kräften bleiben.

Biologische Düngemittel sind im Fachhandel zu bekommen. Man kann sie aus Pflanzen wie Beinwell, der einen hohen Kaliumgehalt aufweist, auch selbst herstellen. Achten Sie darauf, ob Ihre Pflanzen verfärbte Blätter zeigen oder Probleme bei der Fruchtbildung auftreten. Solche Veränderungen weisen auf Nährstoffmangel hin. Es gibt Tabellen, in denen Sie die Bedeutung der einzelnen Symptome nachschlagen können.

Bäume in Pflanzbehältern

Wer tief wurzelnde Bäume in große Behälter pflanzen will, muss langfristig für Struktur und Fruchtbarkeit des Substrats sorgen. Bäume bevorzugen ein Substrat, in dem vorwiegend Pilze (nicht Bakterien) aktiv sind, darum empfiehlt es sich, verrottete Holzhackschnitzel unterzumischen. Sie geben dem Substrat Struktur und verhindern, dass es zu stark verdichtet wird.

In tiefen Hochbeeten gedeihen viele Gemüsearten. Kletterbohnen, die seitlich herabhängen, nutzen das Sonnenlicht, das auf die Hochbeetwände fällt, und werfen keinen Schatten auf Nachbarpflanzen.

Nährstoffgehalt

Die meisten Nährstoffe sind wasserlöslich, die Pflanzen nehmen sie mit den Wurzeln auf. Das ist allerdings nur möglich, wenn das Pflanzsubstrat immer feucht genug ist. Bei zu reichlicher Bewässerung besteht hingegen die Gefahr, dass Nährstoffe aus dem Substrat geschwemmt werden.

Organische Substanz, beispielsweise aus verrottetem Kompost, oder Pflanzenkohle verbessern das Wasserhaltevermögen des Substrats. Pflanzenkohle ist eine spezielle Art von Holzkohle, die als Bodenverbesserer eingesetzt wird. Sie hat eine große Oberfläche und nimmt viel Wasser auf, das sie danach langsam an die Pflanzen abgibt. Wegen ihrer wabenartigen Struktur bietet sie vielen nützlichen Mikroorganismen Lebensraum und verbessert dadurch die Bodenbiologie.

Substrat recyceln

Pflanzsubstrat kann mehrere Jahre lang benutzt werden, allerdings lässt sein Nährstoffgehalt nach. Zudem können in gebrauchtem Substrat Krankheitserreger oder Larven von Dickmaulrüsslern oder anderen Pflanzenschädlingen überwintern. Ich empfehle darum, in Pflanzbehältern ebenso wie im Beet eine Fruchtfolge einzuhalten.

Pflanzbehälter müssen auf ihre grünen Bewohner abgestimmt sein. Für größere Bäume und Sträucher sind tiefe Behälter mit einem großen Durchmesser nötig. In den hier abgebildeten taillenhohen Kästen überstehen größere Pflanzen auch kurze Trockenheitsperioden.

KOMPOSTIERUNG

Der Begriff «Kompost» wird manchmal fälschlicherweise für Pflanzsubstrat verwendet. Tatsächlich handelt es sich bei Kompost jedoch um das Endprodukt der langsamen Verrottung pflanzlicher Materialien. Gut verrotteter Kompost ist eines der besten Mittel zur Verbesserung des Bodens. Um guten Kompost zu erhalten, müssen aber ein paar Regeln beachtet werden.

Kompost hat einen hohen Gehalt an organischer Substanz. Mischt man ihn unter den Boden oder das Substrat in Kübeln, fördert er die biologische Aktivität, hilft Krankheiten vorzubeugen und lässt kräftige, gesunde und ertragreiche Pflanzen wachsen.

Ein Komposthaufen ist ideal, um all die Pflanzenabfälle zu recyceln, die im Laufe des Jahres im Garten anfallen. Grund genug, auch im Nachbarschaftsgarten zu kompostieren. Wenn das Gelände groß genug ist, könnte ein Bereich geschaffen werden, in dem die Gartenabfälle aller Nutzer gesammelt und kompostiert werden.

Offen oder im Silo

Die einfachste Lösung ist ein simpler, abgedeckter Komposthaufen. Er sollte mehrmals im Abstand von einigen Monaten umgesetzt werden, damit das Material durchmischt wird und von den Mikroorganismen gut verwertet werden kann. Um den damit verbundenen Schmutz zu vermeiden, empfiehlt sich für kleine Gartenanlagen – vor allem in der Stadt – die Kompostierung in Silos. Solche Komposter kann man in fertigem Zustand kaufen oder aus alten Paletten oder Brettern selber bauen.

WAS DARF AUF DEN KOMPOST?

Theoretisch können alle organischen Materialien kompostiert werden. Wer aber vermeiden möchte, dass Ungeziefer sich für den Kompost interessiert, sollte sich auf Gartenabfälle, Papier und Pappe (unbeschichtet) sowie Obst- und Gemüseabfälle beschränken. Verholzte Pflanzenteile müssen vor der Kompostierung zerkleinert werden. Achten Sie auf ein ausgewogenes Verhältnis von holzigem und nicht verholztem Material.

Einjährige Unkräuter, die noch keine Samen gebildet haben, können kompostiert werden. Mehrjährige Unkräuter gehören nicht auf den Haufen. Sie überleben die Kompostierung, werden mit dem Kompost auf die Beete verteilt und vermehren sich dort. Wer Getreideprodukte (Brot, Couscous usw.), Fleisch und gekochte Lebensmittel auf den Kompost wirft, lockt Ratten an und macht sich bei den Mitgärtnern unbeliebt. Für solche Rohstoffe sind spezielle Kompostierungsverfahren wie die Bokashi-Methode geeignet.

Der Zeitfaktor

Kompost kann schon nach sechs Wochen «fertig» sein, meist dauert die Kompostierung aber länger. Das Material muss regelmäßig durchmischt werden, damit es gleichmäßig verrottet und sich nicht zu stark erhitzt, denn dadurch würden die aktiven Bakterien vernichtet. Wenn der Kompost schwarzbraun und fein-krümelig ist, kann er als Mulch oder Bodenzusatz genutzt werden.

Soll der Kompost für das Pflanzsubstrat in Behältern verwendet werden, lassen Sie ihn weitere drei Monate unter einer Plane reifen, damit die Verrottung zum Stillstand kommt. Erst dann ist er auch für empfindliche Pflanzen und Sämlinge verträglich.

Obst- und Gemüseabfälle oder Eierschalen fallen fast täglich in der Küche an. Sie enthalten viel Stickstoff und eignen sich ausgezeichnet zur Kompostierung. Gekochte Produkte gehören hingegen nicht auf den Kompost.

In Silos mit mehreren Abteilen kann Kompost in verschiedenen Verrottungsstadien gelagert werden. Mehrere Silos erleichtern auch das regelmäßige Umsetzen. Der fertige Kompost ist dunkelbraun, fein-krümelig und duftet wie Waldboden.

GEMEINSAM KOMPOSTIEREN

Es lohnt sich unbedingt, in großem Stil zu kompostieren. Durch das Wachstum der Nutzpflanzen werden dem Boden Nährstoffe entzogen, die ihm nach der Ernte in Form von Kompost wieder zugeführt werden sollten. Selbst in Gärten mit einzeln vergebenen Beeten ist es sinnvoll, eine große, gemeinsame Kompostierung einzurichten und dafür zu sorgen, dass möglichst viele organische Abfälle verwertet werden. Davon profitieren am Ende alle.

Genügend Rohmaterial

Im Nachbarschaftsgarten fallen zwar Gartenabfälle an, aber da der Großteil der Pflanzen gegessen wird, genügt die Menge oft nicht zur Herstellung ausreichender Kompostmengen.

Sie könnten die Gruppenmitglieder bitten, kompostierbare Abfälle von zu Hause mitzubringen. Das macht etwas Mühe, ist aber vertretbar, wenn sie in der Nähe wohnen. Die Gruppenmitglieder brauchen nur daran zu denken, ihren Komposteimer mitzunehmen, wenn sie zur Gartenarbeit oder zum Ernten gehen. Vielleicht kommen sie sogar etwas öfter in den Garten, weil der Eimer ausgeleert werden muss. Und wer schon da ist, kann auch gleich ein bisschen Unkraut jäten.

Vielleicht können Sie Grünabfälle aus Parks oder Gärtnereien in der Nähe bekommen. Fragen Sie ruhig auch in Restaurants nach oder nehmen Sie Kontakt zu anderen Gartengemeinschaften auf, die nicht selbst kompostieren. Bieten Sie an, die Grünabfälle abzuholen. Mit Schubkarren oder Fahrradanhängern ist das leicht zu bewerkstelligen.

Denkbar wäre sogar, in Zusammenarbeit mit der Gemeinde eine öffentliche Kompostierung einzurichten. Dadurch können Sie neue Interessenten für den Nachbarschaftsgarten gewinnen und die Gemeinde unterstützen, ihre Recyclingvorgaben zu erfüllen. Auch die Umwelt profitiert von einer solchen Lösung.

Eine Gemeinschaftskompostierung versorgt den Garten mit nährstoffreichem Kompost. Damit sie genutzt wird, sollte sie für Gärtner und eventuell Anwohner leicht erreichbar sein.

Werkzeug und Zubehör

Um einen kleinen Komposthaufen mit Küchen- und Gartenabfällen zu wenden, brauchen Sie lediglich eine Forke. Wenn viel Strauchschnitt anfällt, empfiehlt sich die Anschaffung eines Häckslers. Alternativ könnten Sie holziges Material lagern und von Zeit zu Zeit einen Schredder mieten, um es zu zerkleinern.

In Nachbarschaftsgärten mit einzelnen Beeten ist es praktisch, einen Platz zu reservieren, an dem alle Mitglieder ihren Gehölzschnitt lagern können, und sich die Kosten für die Maschinenmiete zu teilen.

Eine große Gartengemeinschaft könnte sich einen Schredder zum Zerkleinern von holzigen Gartenabfällen anschaffen. Für kleine Gruppen ist es sinnvoller, solche Maschinen gelegentlich zu mieten.

Spezialverfahren

In Stadtgebieten ist die offene Kompostierung nicht immer erlaubt. Dann bietet sich eine geschlossene Kompostierungsanlage an. Solche Geräte sind nicht billig, können aber auch organische Abfälle wie Fleisch und gekochte Lebensmittel verwerten, die sich für die offene Kompostierung nicht eignen. Weil die Anlage regelmäßig guten Kompost produziert und helfen kann, Müllgebühren zu reduzieren, macht sich die Anschaffung auf lange Sicht bezahlt.

Würmer, Asseln und andere nützliche Lebewesen durchmischen das Material im Komposthaufen und fördern so die Verrottung. Diesen Aspekt der Abfallverwertung finden auch die jungen Gruppenmitglieder spannend, aber auch ein bisschen gruselig.

DIE RICHTIGEN PFLANZEN

Die Auswahl der Pflanzen ist nicht einfach, wenn man sein Beet allein bestellt. Noch schwieriger wird die Entscheidung, wenn alle Gruppenmitglieder mitreden. Streichen Sie zuerst alle Pflanzen von der Liste, die sich für den Boden oder das örtliche Klima nicht eignen. Überlegen Sie dann, für wen Sie die Pflanzen anbauen. Was mögen Sie oder die Gruppenmitglieder? Wenn Erträge verkauft werden – was kommt bei den Kunden an?

Eine kleine Gruppe kann die Auswahl gemeinsam treffen. Eine größere ist gut beraten, sie in den ersten Jahren an einen erfahrenen Gärtner zu delegieren, damit das Projekt in Gang kommt. Veränderungen sind immer möglich. Wenn beispielsweise die Samen einer Art nicht keimen, kann die Fläche für eine andere genutzt werden.

Gute Flächennutzung

Platz ist in Gemeinschaftsgärten oft knapp. Dadurch reduziert sich die Auswahl der möglichen Pflanzenarten. Wer allerdings bei der Pflanzenwahl durchdacht vorgeht und jeden Zentimeter clever nutzt, kann auch in einem kleinen Garten eine erstaunliche Vielfalt unterbringen.

Kürbisse an Rankhilfen oder Spalierobst an einer Wand braucht beispielsweise wenig Platz. Von vielen Gemüsearten gibt es auch kleinwüchsige Sorten, die sich nicht so breitmachen wie ihre traditionellen Verwandten. Blumenkohl kann man in relativ engen Abständen pflanzen, allerdings fallen dann die Köpfe meist kleiner aus.

Sehr empfehlenswert sind auch Gemüsearten mit Mehrfachnutzen. Junge Triebspitzen von Erbsen können für Salate geerntet werden, und später reifen die Hülsen heran.

Achten Sie bei der Platzierung von Pflanzen auf die Lichtverhältnisse. Stangenbohnen und Erbsen brauchen einen sonnigen Platz, während sich Salate im Schatten wohler fühlen. Achten Sie auch darauf, «durstige» Pflanzen nahe bei der Wasserzapfsäule zu pflanzen – Sie sparen sich so viel Arbeit.

Berücksichtigen Sie bei der Pflanzenwahl die Vorlieben der Gruppenmitglieder. Riesenkürbisse nehmen viel Platz ein, darum ist die Pflanzung nur dann sinnvoll, wenn es auch jemanden gibt, der sie nach der Ernte essen will.

Wer kümmert sich?

In manchen Gemeinschaftsgärten gibt es Zeiten, in denen sich niemand um die Pflanzen kümmert. Das betrifft vor allem Schul- und Universitätsgärten, die in den Ferien verwaist sind. Es wäre ungeschickt, Pflanzenarten zu wählen, deren Ernte ausgerechnet in diese Ferienzeiten fällt. Zucchini, Salat und andere Pflanzen mit hohem Wasserbedarf überleben nicht, wenn sie nicht regelmäßig bewässert werden.

In solchen Fällen kann es sinnvoll sein, die Arbeit auf die produktivsten Jahreszeiten zu konzentrieren, und den Garten-Arbeitsplan auf die Ferien abzustimmen. Möglich ist auch, den Garten hauptsächlich in der kühleren Jahreszeit zu bestellen, weil dann die Produktivität insgesamt geringer ist.

Mehrjährige Pflanzen

Die Pflanzung mehrjähriger Obst- und Gemüsearten muss frühzeitig geplant werden. Es dauert manchmal Jahre, bis sie Erträge bringen, und die ersten Ernten fallen oft spärlich aus.

Ein Vorteil ist, dass man sie bei einem eventuellen Umzug des Gartens mitnehmen kann, sofern man beim Umpflanzen vorsichtig vorgeht.

Pflaumen und anderes Baumobst lässt sich gut am Spalier ziehen. So nimmt es wenig Platz weg und bringt trotzdem gute Erträge. Zudem sieht es auch sehr dekorativ aus.

FRUCHTFOLGE

Wenn man dieselbe Gemüseart Jahr für Jahr auf dasselbe Beet pflanzt, kann es leicht zu Nährstoffmangel, Krankheiten und Schädlingen kommen. Sinnvoller ist daher eine Fruchtfolge auf der Basis eines Rotationssystems. Sie deckt den Nährstoffbedarf unterschiedlicher Pflanzenarten, erleichtert die Unkrautbekämpfung und hilft, den Lebenszyklus von Schädlingen zu durchbrechen. Die folgenden Grundregeln sollten beim Aufstellen eines Fruchtfolgeplans berücksichtigt werden.

Die perfekte Fruchtfolge gibt es nicht, denn neben den Standortgegebenheiten spielen auch individuelle Vorlieben des Gärtners eine Rolle. Der Rotationszyklus sollte aber möglichst lang sein, beispielsweise vier oder sechs Jahre (siehe unten). Teilt man den ganzen Garten oder ein Beet entsprechend auf, ist trotzdem immer für eine breite Auswahl an Gemüsearten gesorgt.

Für die Fruchtfolge werden Gemüsearten in vier verschiedene Gruppen aufgeteilt: Kohlgewächse, Wurzelgemüse (Pastinaken, Kartoffeln), Zwiebelgewächse (Porree, Knoblauch) und Hülsenfrüchte (Erbsen und Bohnen). Hinzu kommen eventuell noch Salate, Kürbisgewächse und Mais oder andere Getreide. Mehrjährige Pflanzen werden nicht berücksichtigt.

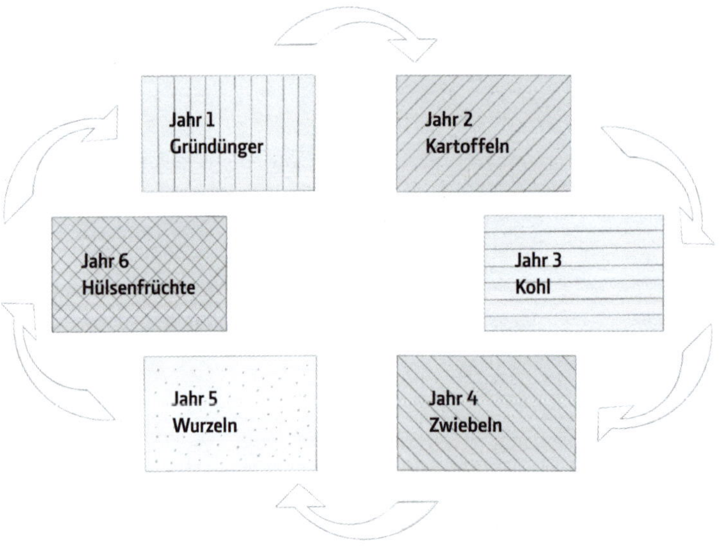

BEISPIEL FÜR EINE SECHS-JAHRES-FRUCHTFOLGE

- Jahr 1: Aufbau der Fruchtbarkeit
- Jahr 2: Frühling – Kompost unterarbeiten, Kartoffeln pflanzen
- Jahr 3: Kohl
- Jahr 4: Kompost unterarbeiten, Zwiebeln pflanzen
- Jahr 5: Möhren
- Jahr 6: Erbsen – im Spätsommer oder Frühherbst Gründünger zum Aufbau der Fruchtbarkeit säen

Wurzelwerk

Spinat, Salat und Zwiebeln bilden ein Wurzelwerk, das sich flach ausbreitet. Die Wurzeln von Möhren und Pastinaken dringen tief in die Erde. Säen Sie tief wurzelnde Arten nach flach wurzelnden, weil sie ihre Nährstoffe aus unterschiedlichen Erdschichten beziehen.

Blattform

Kartoffeln und Kürbisse unterdrücken Unkraut, weil sie ihm mit ihrem Blattwerk das Licht rauben. Möhren, die fiedriges Grün bilden, und aufrecht wachsende Zwiebeln können sich gegen konkurrierendes Unkraut schlechter durchsetzen. Pflanzt man sie Jahr für Jahr auf dieselbe Fläche, kann das Unkraut mit der Zeit überhand nehmen.

Welche Nährstoffe?

Kohl, Kartoffeln und andere Arten mit hohem Stickstoffbedarf pflanzt man normalerweise unmittelbar nach einer Gründüngung (siehe unten). Bohnen benötigen weniger Nährstoffe und bilden darum oft das letzte Glied der Fruchtfolge. Auch Spurenelemente spielen eine Rolle. Kohl braucht beispielsweise mehr Bor als andere Gemüsearten. Wird der nur alle drei bis vier Jahre auf dasselbe Beet gepflanzt, lassen sich Mangelerscheinungen besser vermeiden. Selbst wenn der Garten so klein ist, dass alle Flächen voll ausgenutzt werden müssen, lässt sich mit einer langen Fruchtfolge und regelmäßigen Kompostgaben vermeiden, dass der Boden ausgelaugt wird.

Fruchtbarkeit stärken

Langfristig lohnt es sich, regelmäßig eine Phase dem Fruchtbarkeitsaufbau zu widmen. Dafür wird normalerweise am Ende des Fruchtfolgezyklus ein Gründünger gesät. Aus nackten Beetflächen können Nährstoffe durch Niederschläge ausgeschwemmt werden. Gründünger nimmt Nährstoffe auf. Er wird später untergegraben, um die Nährstoffe wieder dem Boden zuzuführen.

Zwischen manchen Nutzpflanzen hat Unkraut es schwer. Rosenkohl verbraucht viele Nährstoffe und unterdrückt dadurch Unkraut. Möhren können sich mit ihren langen Wurzeln weniger gut gegen Unkraut durchsetzen.

ANZUCHT AUS SAMEN

Die meisten Gemüsearten werden aus Samen gezogen, darum sollte man Saatgut nur bei einem namhaften Händler kaufen. Ebenso wichtig ist aber die Anzuchtmethode, denn sie bestimmt die Startbedingungen der Sämlinge. Manche Samen brauchen beispielsweise viel Wärme, um zu keimen. Sämlinge sind oft frostempfindlich und brauchen ein geschütztes Übergangsquartier, bevor sie ins Freie umziehen können. Können Sie all das bieten?

Direktsaat oder Module?

Die Anzucht in Modulen ist so praktisch, dass sie sich im Erwerbs-Gemüseanbau inzwischen zur Standardmethode gemausert hat. Dafür werden jedoch Anzuchtschalen mit vielen kleinen «Abteilen» benötigt, die nicht sehr stabil sind. Außerdem muss mindestens einmal täglich gegossen werden, an heißen Tagen sogar noch häufiger.

Bei Direktsaat in Beete oder Schalen müssen die Sämlinge später pikiert und an ihren endgültigen Platz umgepflanzt werden. Weil weder Module noch spezielles Substrat nötig sind, ist diese Methode preiswerter. Direkt gesäten Pflanzen macht es wenig aus, wenn sich die Beetvorbereitung verzögert. Jungpflanzen, die zu lange in ihren Modulen stehen, können Schaden nehmen.

Viele Gemüsearten eignen sich gut für die Direktsaat. Kohl und Porree müssen später vereinzelt oder umgepflanzt werden. Bei Möhren und Salat ist dieser Arbeitsschritt nicht notwendig. Sie können einfach dort wachsen, wo sie gesät wurden.

Die Direktsaat ist einfach und preiswert, aber nicht für alle Pflanzenarten geeignet. Gekaufte Jungpflanzen wachsen meist schneller an.

Heizung

In manchen Regionen ist ein geheiztes Gewächshaus sinnvoll oder nötig, um rund ums Jahr Nutzpflanzen ziehen zu können. Außerdem sollte ein frostsicherer Bereich zum Abhärten von Jungpflanzen (siehe gegenüber) vorhanden sein. Durch die Heizung fallen allerdings zusätzliche Kosten an.

Paprika und Tomaten brauchen viel Zeit bis zur Fruchtreife, und die Keimtemperatur für die Samen liegt bei mindestens 21° C. Dafür lässt sich mit beheizbaren Gewächshausregalen oder Wärmematten sorgen, die im Fachhandel zu kaufen sind. Ein isoliertes Gewächshaus ist wichtig, um Wärmeverluste zu vermeiden.

Um Jungpflanzen an die Verpflanzung ins kalte Beet zu gewöhnen, können Sie einen Folientunnel einfach zu einer Abhärtevorrichtung umfunktionieren (vgl. Text S. 84).

Abhärten

Selbst frosttolerante Arten wie Kohl können leiden, wenn sie als Jungpflanzen aus dem warmen Gewächshaus ins kalte Beet verpflanzt werden. Um sie langsam an die neue Umgebungstemperatur zu gewöhnen, stellt man sie tagsüber ins Freie holt sie abends wieder ins Gewächshaus.

Wenn sehr viele Jungpflanzen abgehärtet werden sollen, stellt man sie eine oder zwei Wochen lang in einen unbeheizten Folientunnel mit möglichst guter Luftzirkulation. Tagsüber wird die Folie abgenommen, abends werden sie wieder zugedeckt.

KAUFEN ODER SELBST ZIEHEN?

Viele Gärtner haben Freude daran, Pflanzen aus Samen zu ziehen, weil sie so von Anfang an das Gedeihen der Pflanzen miterleben. Samen sind meist preiswert, aber das Säen, Lüften und Gießen nimmt Zeit in Anspruch. Zudem kann die Gewächshausheizung Kosten verursachen. Darum kann es kostengünstiger sein, Jungpflanzen in einer Gärtnerei zu kaufen.

SAMEN ERNTEN

Für den Erfolg eines Gemeinschaftsgartens ist es nicht nötig, Samen zu sammeln. Reizvoll ist es trotzdem, weil man so am ganzen Lebenszyklus der Pflanzen beteiligt ist. Außerdem kommt man beim Tauschen gesammelter Samen mit anderen Gartennutzern oder Gärtnern und Anwohnern aus der Umgebung ins Gespräch (siehe Seite 51).

Es ist möglich, von manchen Gemüsearten Varianten oder sogar neue Sorten zu züchten, die besonders gut mit dem Mikroklima Ihres Gartens zurechtkommen, oder die widerstandsfähig gegen regionale Stämme von Krankheitserregern oder Schädlingen sind. Da Sie nicht von all Ihren Pflanzen Samen abnehmen können, versuchen Sie es zuerst mit einfachen Arten wie Bohnen oder Tomaten.

Bei Bohnen kommen viele Phänotypen vor. Für die Entscheidung, welche Samen gesammelt werden, spielen neben dem Aussehen auch Gesundheit und Wuchskraft der Pflanze sowie der Geschmack eine Rolle.

Offene Bestäubung

Samen, die durch offene Bestäubung entstanden sind, tragen nicht die Bezeichnung F1. Das ist wichtig zu wissen, denn die Samen von F1-Hybriden bringen eine neue Pflanzengeneration hervor, die sich von den Elternpflanzen unterscheidet. Wer Samen sammeln will, sollte darum darauf achten, dass sie aus offener Bestäubung stammen.

Bestäubung

Je nach Gemüseart läuft die Bestäubung unterschiedlich ab. Tomaten sind beispielsweise aufgrund ihres Blütenaufbaus weitgehend Selbstbestäuber. Kohlgewächse wie Grünkohl, Blumenkohl und Weißkohl bestäuben sich gegenseitig.

Mais wird vom Wind bestäubt, möglicherweise mit Pollen, die in mehreren Kilometern Entfernung zu Ihrem Garten stehen. Kürbisgewächse bilden separate männliche und weibliche Blüten. Andere Pflanzen tragen Blüten, in denen sich sowohl weibliche als auch männliche Fortpflanzungsorgane befinden.

Um Kreuzbestäubung zu vermeiden, kann man eine der Sorten während der Blütezeit abdecken oder die betroffenen Sorten zu verschiedenen Zeiten pflanzen, sodass sie nicht gleichzeitig blühen. Wenn Sie Überraschungen mögen, können Sie auch einfach der Natur ihren Lauf lassen.

In Gemeinschaftsgärten mit individuellen Beeten kommt es häufiger zur Kreuzbestäubung, weil die Vielfalt der angebauten Sorten größer ist. Wer Sorgfalt walten lässt, kann dennoch Samen seiner eigenen Sorten sammeln.

Manche Samen, z. B. jene von Kürbissen, müssen vor dem Verpacken gesäubert und einige Tage gut getrocknet werden.

Beschriften

Obwohl es selbstverständlich klingt, dass man gesammelte Samen beschriften sollte, wird es oft vergessen. Binden Sie früh in der Saison wetterfeste Etiketten an die Pflanzen an, von denen Sie Samen abnehmen wollen. Das ist in gemeinsam genutzten Gärten besonders wichtig, denn sonst kann es passieren, dass ein wohlmeinender Helfer die als Saatgut vorgesehenen Bohnen für den Suppentopf pflückt.

Wie viele Pflanzen?

Damit die genetische Varianz ausreichend groß ist, sollten Sie von jeder Sorte, von der Sie Samen abnehmen wollen, mindestens 30 Exemplare pflanzen. Bei Möhren oder Porree ist das einfach, weil sie wenig Platz einnehmen. Schwieriger ist es bei größeren Pflanzen wie Tomaten.

Vielleicht können Sie sich mit anderen Gartengemeinschaften zusammentun. Wenn eine Gruppe beispielsweise Bohnensamen sammelt und eine andere Salatsamen, können Sie jährlich einen Teil tauschen. So haben alle weniger Arbeit, und das Risiko, dass eine Sorte ausfällt, verteilt sich auf mehrere Personen. Nachbarschaftsgärten mit individuellen Beeten könnten einen gemeinsamen Sammel- und Tauschtag veranstalten.

Vollständig getrocknete Samen in luftdicht schließenden, beschrifteten Behältern verstauen und für die nächste Aussaat aufbewahren.

BLUMEN GEGEN SCHÄDLINGE

Blumen sehen nicht nur hübsch aus, viele Blüten sind auch essbar, und außerdem helfen sie bei der Schädlingsbekämpfung. Manche vertreiben mit ihrem Duft Schädlinge, andere locken Fressfeinde an. Und weil sie die Gleichfarbigkeit von Gemüsebeeten auflockern, können sie Schädlinge von den Nutzpflanzen ablenken. Je größer und vielseitiger die Blütenpracht der Zierblumen und Kräuter, desto besser.

Die weißen Blütenstände der Petersilie sehen dekorativ aus und locken zahlreiche Weichkäfer und andere Nützlinge in den Garten. Sie helfen, die Populationen der Schädlinge klein zu halten.

Nützlinge einladen

Das beste Mittel gegen Schädlinge ist ein ausgewogenes Ökosystem. Jeder Garten ist von Menschenhand geschaffen, doch man sollte darauf achten, dass ganzjährig möglichst viele Pflanzenarten in verschiedenen Wachstumsstadien vorhanden sind. Man kann nicht erwarten, dass Nützlinge auftauchen, um eine bestimmte Schädlingsart zu fressen, wenn man den Nützlingen nicht ganzjährig Unterschlupf oder Überwinterungsquartiere anbietet.

Wenn bestimmte Schädlinge – Käfer, Vögel oder Insekten – gehäuft auftreten, lernen Sie deren Vorlieben kennen. Eine gewisse Zahl von Schädlingen muss man zwangsläufig tolerieren, denn ohne sie hätten die Nützlinge keine Nahrung.

Blühende Pflanzen können gezielt eingesetzt werden, um Nützlingen Lebensraum zu bieten. Käfer sind gute Schneckenbekämpfer. Wer sie einladen will, pflanzt am besten Horste von Ziergräsern und blühende Pflanzen wie Goldrute und Spierstrauch, die von Käfern bestäubt werden.

Schädlinge vertreiben

Intensiv duftende Kräuter verwirren und vertreiben Schädlinge. Besonders wirkungsvoll sind Arten, die etwas herb oder bitter duften. Das trifft auf alle Mitglieder der Zwiebelfamilie zu, und erklärt, warum so viele natürliche Mittel gegen Schädlinge Knoblauch enthalten. Auch Koriander, Basilikum und Oregano halten Schädlinge vom Gemüse fern. Dasselbe bewirken Zitronenverbene, Zitronenthymian und andere Pflanzen mit Zitrusduft.

Nutzpflanzen blühen lassen

Ordentliche Gärtner entfernen abgeerntete Pflanzen meist sofort von den Beeten, um Platz für neues Gemüse zu schaffen. Ein bisschen Chaos kann aber seinen Wert haben. Schädlinge über und in der Erde sind leichter zu kontrollieren, wenn einige der Nutzpflanzen Blüten bilden dürfen. Ich lasse immer einige Kohlpflanzen blühen, denn sie liefern Nahrung für Raubwespen, die zu den natürlichen Feinden des Kohlweißlings und seiner Raupen gehören. Manche Bodenpilze (Mykorrhiza) können sich nur vermehren, wenn ihre Wirtspflanze den gesamten Lebenszyklus durchläuft. Wer die Wirtspflanzen vor der Blüte und Samenbildung ausreißt, schadet damit der Artenvielfalt im Boden.

Je größer die Farben- und Formenvielfalt der Blüten, desto mehr Nützlinge finden den Weg in den Garten.

Ablenken

Die Möhrenfliege und andere Schädlinge finden sich mithilfe des Geruchssinns zurecht. Pflanzt man das schutzbedürftige Gemüse mit intensiv riechenden Arten zusammen, verlieren die Schädlinge die Orientierung. Ebenso lassen sich Schädlinge, die ihre Zielpflanzen mit den Augen finden, durch Blumen oder Kräuter ablenken, die verstreut im Nutzbeet wachsen. Natürlich lassen sich Schädlinge nicht restlos vertreiben. Es ist aber möglich, die Population zu verringern und den Rest den Nützlingen zu überlassen.

ARBEITEN IM FRÜHLING/FRÜHSOMMER

Wenn der Frühling in den Garten einzieht, gibt es so viel zu tun, dass man leicht etwas vergisst. Es kann sich schon negativ auf die Erträge auswirken, wenn man mit der Aussaat oder Pflanzung nur eine Woche in Verzug gerät. Umso wichtiger ist es, für den Anfang der Saison einen Arbeitsplan aufzustellen.

Terminkalender

Selbst erfahrene Gärtner sollten sich die Aussaat- und Pflanztermine aufschreiben. Notieren Sie auch, wann der Boden vorbereitet werden muss, damit Sie ausreichend Zeit für Folgesaaten haben.

Den Boden vorbereiten

Möglicherweise haben Sie schon im Herbst oder Winter etwas für die Bodenpflege getan. Wenn Sie Gründünger als Winterschutz auf Beete gesät haben, muss er frühzeitig abgeschnitten und untergegraben werden. Viele Gründüngerarten geben während der Verrottung Stoffe ab, die die Keimung von Samen hemmen. Warten Sie mit der Direktsaat mindestens vier bis sechs Wochen, oder ziehen Sie Sämlinge vor, um sie später auszupflanzen. Ich verteile im Frühling außerdem Kompost oder verrotteten Stallmist auf Beeten, auf denen Gründünger stand.

Säen

Manche Gemüsearten haben eine lange Wachstumsperiode und müssen einen oder zwei Monate vor anderen Arten gesät werden. Dazu gehören Paprika oder Zwiebeln. Die Samen brauchen Wärme zur Keimung. Anschließend müssen die Sämlinge eine Weile unter Dach wachsen, bevor sie ausgepflanzt werden können. Denken Sie daran, sie vor dem Umzug ins Freie abzuhärten (siehe Seite 84–85).

Pflanzen

Die Direktsaat an Ort und Stelle ist die einfachste und preiswerteste Methode, aber sie hat auch Nachteile. Mäuse und Schnecken können Probleme bereiten, ebenso eine zu nasskalte Witterung oder Konkurrenz durch Unkraut. Sät man in Schalen oder Modulen, kann man die Jungpflanzen unter kontrollierten Bedingungen pflegen, bis sie etwas kräftiger sind und sich besser gegen Schädlinge oder Unkraut behaupten können.

In Modulen können Sämlinge heranwachsen, während Sie noch mit der Bodenvorbereitung beschäftigt sind. Diese Kohlsämlinge wachsen schnell und müssen bald in den Garten ausgepflanzt werden.

Beim Säen und Pflanzen können alle Gruppenmitglieder, ob alt oder jung, mit einbezogen werden. Das macht mehr Spaß und spart Zeit.

Unkraut jäten

Im Frühling und Frühsommer muss gründlich gejätet werden. Später sind die Gemüsepflanzen kräftig genug, um sich gegen Unkraut durchzusetzen. Jungen Gemüsepflanzen bekommt es aber nicht gut, wenn sie mit Unkraut um Licht und Wasser konkurrieren müssen.

Bei warmem, feuchtem Frühlingswetter wächst Unkraut schnell. Umso wichtiger ist es dann, möglichst häufig die jungen Unkräuter auszuzupfen.

In meiner Berufspraxis habe ich früh gelernt, immer zuerst auf dem saubersten Beet zu jäten. Das klingt widersinnig, aber es dauert nur Sekunden, mit der Hacke durch ein Beet mit winzigen Unkrautsämlingen zu fahren. So bleibt ein Beet immer sauber. Danach kann man sich die schlimmeren Fälle vornehmen.

Auch beim Jäten in bepflanzten Beeten können alle mithelfen, die in der Lage sind, zwischen Unkraut und jungen Nutzpflanzen zu unterscheiden.

ARBEITEN IM SPÄTSOMMER/HERBST

Wenn sich der Sommer dem Ende zuneigt und der Herbst kommt, sind viele Arbeiten nicht mehr so eilig. Einige müssen aber zur rechten Zeit erledigt werden. Vor allem Himbeeren und andere Beerenfrüchte müssen regelmäßig geerntet werden, damit sie nicht an den Sträuchern faulen. Beobachten Sie auch Samen, die Sie abnehmen wollen. Gründünger sollte frühzeitig gesät werden, damit er Fuß fassen kann, bevor es zu kalt wird.

Manche Arbeiten erledigt man besser im Herbst, weil sie im Frühling viel mehr Mühe bereiten. Sorgen Sie mit vorausschauendem Denken und etwas Planung am Ende der Saison dafür, dass Sie es in der arbeitsreichen Zeit zu Saisonbeginn leichter haben.

Bodenbearbeitung

Ich halte viel davon, den Boden über Winter zu bedecken – vorzugsweise mit Gründünger, manchmal aber auch mit Pappe oder Mulch. Vor dem Mulchen sollten Sie abgeerntete Pflanzen abschneiden. Die Pflanzenreste werden auf der Fläche verteilt und mit unbeschichteter Pappe oder Stroh abgedeckt. Alternativ können Sie auch Kompost oder verrotteten Stallmist verteilen. Die Mulchschicht nimmt dem Unkraut das Licht und absorbiert Nährstoffe, die sie später wieder abgibt. Die Pflanzenreste verrotten über Winter und werten dadurch den Boden auf.

Säen und pflanzen

Im Sommer und Frühherbst kann Gründünger auf freie Flächen gesät werden. Denken Sie aber auch an überwinternde Nutzpflanzen wie Knoblauch, Schalotten oder Ackerbohnen.

Gründünger ist ein guter Winterschutz. Er nimmt überschüssige Nährstoffe auf, die sonst durch Regen ausgeschwemmt würden. Außerdem schützt er den Boden vor Verdichtung und liefert organische Substanz, die später untergegraben wird. Gute Gründünger-Arten für die Herbstsaat sind Süßgäser und schnell wachsende Arten wie Senf oder Phacelia.

Samen sammeln

Manche Pflanzen bilden im Spätsommer Samen, die meisten aber erst im Herbst. Sammeln Sie möglichst trockene Samen, vorzugsweise aus offener Bestäubung (siehe Seite 86). Die meisten Samen müssen in einem trockenen Schuppen oder einem warmen Zimmer nachgetrocknet werden. Danach werden sie an einem kühlen, trockenen Platz gelagert.

Auf einer Veranstaltung können sich die Gruppenmitglieder kennen lernen und Interessantes über Samen für alte Gemüsesorten erfahren.

Wintervergnügen

Nutzen Sie die langen Winterabende, um Pläne für die kommende Saison zu schmieden, die Fruchtfolge zu planen und in Saatgutkatalogen zu stöbern. Vielleicht kommen Sie dabei ins Grübeln, weil Sie vergessen haben, wie noch der Name der besonders leckeren Tomatensorte lautete ...

In milden Regionen können während des Winters auch Obstbäume beschnitten werden – ausgenommen Kirschen, Pflaumen und andere Steinobstsorten: Sie alle werden im Sommer geschnitten. Wenn starker Frost droht, sollten Sie keine Bäume schneiden; sie könnten durch die Kälte Schaden nehmen.

Der Baumschnitt, der im Winter oder Vorfrühling erledigt wird, gehört zu meinen liebsten Gartenarbeiten. Sorgfältiges Beschneiden hält Bäume gesund und sorgt dafür, dass auch die nächste Generation noch ernten kann.

Zwischen Herbst und Frühwinter können die Beete umgegraben werden, um den Boden zu durchlüften, bevor er zu nass wird oder hart gefriert.

Kapitel Vier

Pflanzen-verzeichnis

In diesem letzten Kapitel stelle ich eine Auswahl meiner liebsten Obst-, Gemüse- und Kräuterarten vor. Neben grundsätzlichen Hinweisen zum Anbau, finden Sie in den Pflanzenporträts auch Tipps aus meiner eigenen Gartenpraxis oder von Gärtnern, die ich bei meiner Arbeit kennen gelernt habe.

Manche Obst- und Gemüsearten sind schwieriger zu kultivieren, aber wenn Sie eine spezielle Vorliebe haben, probieren Sie es trotzdem aus. Vielleicht haben Sie eine besonders gute Hand für Salate, vielleicht kommen Sie mit Obst besser zurecht. Und mit etwas Glück finden sich in der Gartengemeinschaft so viele Talente, dass Sie eine große Bandbreite von Gemüsen und Beeren anpflanzen können.

Meine Tipps sind keine starren Regeln. Es gibt viele Methoden, Nutzpflanzen anzubauen, und seit sich auch der Klimawandel nicht mehr wegdiskutieren lässt, darf man einige traditionelle Gärtnerweisheiten nicht mehr auf die Goldwaage legen. Experimente sind ein Teil des Gartenvergnügens.

Spargel

Am richtigen Standort kann Spargel wie Unkraut wachsen. Er ist früh im Jahr erntereif, wenn man sich nach frischem, jungem Gemüse sehnt. In der Saison könnte ich ihn täglich genießen.

- **Lebensdauer:** Viele Jahre
- **Pflanzung/Aussaat:** Einjährige Kronen im Spätwinter oder zeitigen Frühjahr pflanzen
- **Standort:** Hell, gut durchlässiger Boden, verträgt keine nassen Füße

Pflanzung

Die Kronen in 5 cm Tiefe auf einen Erdwall setzen, der im Winter hilft, die Drainage zu verbessern. Die Wurzeln wie die Finger einer Hand ausbreiten, dann so viel Erde auffüllen, dass die Spitzen der Kronen gerade bedeckt sind.

Pflege

Spargelpflanzen brauchen Zeit, um sich zu etablieren. In den ersten drei Jahren nicht ernten und die Pflanzen unkrautfrei halten. Die fiedrigen Triebe mit Stäben und Schnüren stützen. Im Spätherbst eine Handbreit über dem Boden abschneiden. Im Frühling und nach der Ernte etwas Universaldünger geben.

Unkrautbekämpfung

Spargel hat fiedriges Laub und verdrängt Unkraut nicht, darum muss häufig gejätet werden. Regelmäßiges Mulchen mit unkrautfreiem Gartenkompost oder anderem Mulchmaterial erleichtert diese Arbeit. Manche Gärtner decken die Kronen nach dem Zurückschneiden des Grüns mit Pappe oder schwarzer Folie ab. Bevor der Spargel im Frühling austreibt, muss sie entfernt werden.

Ernte

Nur dicke Stangen von mindestens drei Jahre alten Pflanzen ernten. Die Stangen mit einem scharfen Messer knapp unter der Erdoberfläche abschneiden.

Tipps für Kübel

Spargel kann in Behältern gezogen werden. Sie müssen allerdings recht groß sein, damit die weit in die Tiefe reichenden Wurzeln ausreichend Platz haben. Allerdings ist zu bedenken, dass es bis zur Ernte einige Jahre dauert. Bis dahin müssen die Pflanzen trotzdem geduldig bewässert werden.

Stangenbohnen

Dies ist eine der Gemüsearten, die gartenfrisch am besten schmecken. Die kletternden Pflanzen sind unkompliziert zu ziehen und liefern mehrere Wochen lang immer neue Bohnen, die preiswerter und schmackhafter sind als Supermarktware.

- **Lebensdauer:** Spätfrühling bis Spätsommer/Herbst
- **Pflanzung/Aussaat:** In Modulen vorziehen oder nach dem letzten Frost direkt ins Beet säen
- **Standort:** Durchlässiger, fruchtbarer Boden

Pflanzung/Aussaat

Bohnen mögen keinen Wind. Besonders empfindlich sind Sämlinge, vor allem wenn sie im Haus vorgezogen und später ausgepflanzt werden. Am besten schützt man sie mit einem Frühbeet oder einem anderen Windschutz, bis sie kräftig genug sind.

Pflege

Die Bohnen brauchen stabile, standfeste Stangen zum Klettern. Kleinwüchsige Sorten kommen auch ohne Stützen aus, ihre Erntezeit ist aber kürzer, und man muss sich zum Pflücken bücken. Regelmäßig bewässern, um die Fruchtbildung anzuregen.

Unkrautbekämpfung

In der Anfangszeit den Boden unkrautfrei halten oder mit einer Mulchschicht bedecken. Werden die Bohnen an Stangen gezogen, kann man darunter Kürbisse oder anderes Gemüse pflanzen, das den Boden bedeckt.

Ernte

Regelmäßig pflücken, vor allem bei feuchtem Wetter. Die Bohnen schmecken am besten, wenn sie ganz jung sind. Reifen sie zu lange, werden sie faserig. Am Ende der Saison einige Hülsen ganz ausreifen lassen, dann pflücken und die Samen trocknen. Sie können im Winter gegessen oder im nächsten Frühjahr ausgesät werden.

Tipps für Kübel

Bohnen in Pflanzbehältern regelmäßig düngen und gießen. Stangenbohnen lassen sich sehr gut an einem Spalier oder Zaun ziehen, vor allem an einem vollsonnigen Platz.

Rote Bete

Rote Bete ist ein vielseitiges Gemüse, das leicht zu kultivieren ist. Man kann sie im Beet oder in Kübeln ziehen und klein ernten oder größer werden lassen. Manche Sorten vertragen sogar einige Minusgrade.

- **Lebensdauer:** Frühling bis Sommer/Herbst; lässt man sie stehen, bilden sie im zweiten Jahr Blüten und Samen
- **Pflanzung/Aussaat:** Von Frühling bis Frühherbst kann gesät werden
- **Standort:** Fruchtbarer, durchlässiger Boden, Beet oder Kübel

Pflanzung/Aussaat

In jedem sichtbaren «Samenkorn» befinden sich zwei bis drei Samen, darum ist es ratsam, relativ dünn zu säen.

Pflege

An einem sonnigen Platz säen und nach etwa acht Wochen, wenn die Knollen anzuschwellen beginnen, reichlich gießen. Bei starker Hitze schießt Rote Bete leicht in Saat. Vorbeugen kann man dem, indem man regelmäßig, aber nicht zu großzügig gießt.

Unkrautbekämpfung

Rote Bete kann sich gegen Unkraut recht gut behaupten, lediglich zwischen den Sämlingen sollte man mindestens einmal von Hand jäten. Danach genügt es, zwischen den Pflanzen zu hacken. Vorsicht, dabei nicht die Wurzeln verletzen!

Ernte

Bei dichtem Stand die Reihen ausdünnen. Die ausgezupften Jungpflanzen sind essbar. Die übrigen Pflanzen wachsen lassen, bis die Knollen einen Durchmesser von ca. 5 cm haben.

Tipps für Kübel

In Kübeln ist der Platz knapp. Sie können Rote Bete dicht säen, den Großteil jung als Blattsalat auszupfen und einige der kräftigsten Pflanzen stehen lassen, damit sich Knollen bilden.

Gemüsefenchel

Die rohen «Knollen» haben ein zartes Lakritzaroma. Gart man sie langsam, schmecken sie süßlich. Fenchel schießt leicht in Saat und ist deshalb nicht ganz unproblematisch, trotzdem finde ich, dass ein Versuch sich lohnt.

- **Lebensdauer:** Frühling bis Herbst
- **Pflanzung/Aussaat:** Im Frühling oder Frühsommer säen
- **Standort:** Durchlässiger, fruchtbarer Boden, sonnig. Braucht viel Wasser

Pflanzung/Aussaat

Fenchel kann dicht gesät und jung geerntet werden. In diesem Fall sind die ganzen Pflanzen essbar. Alternativ in Modulen vorziehen und auspflanzen. Dabei dürfen die jungen Wurzeln nicht beschädigt werden. Nach dem Auspflanzen regelmäßig gut bewässern.

Pflege

Fenchel braucht während des Wachstums viel Wasser. Ist der Boden aber zu feucht, können die Wurzeln faulen. Wenn die Stängel anzuschwellen beginnen, den Boden ringsherum anhäufeln. Dadurch werden sie gebleicht und schmecken milder.

Unkrautbekämpfung

Unkraut regelmäßig von Hand und mit der Hacke entfernen. Eine Mulchschicht unterdrückt Unkraut und hemmt die Verdunstung von Bodenfeuchtigkeit. Wenn die Stängel anschwellen, kann etwas Unkraut stehen bleiben. Es beschattet die Pflanzen und beugt vorzeitiger Blütenbildung vor.

Ernte

Die Ernte ist jederzeit möglich. Voll ausgereifte Knollen können faserig sein, eignen sich aber noch gut als Suppengemüse. Von Pflanzen, die geblüht haben, sind später auch die Samen essbar.

Tipps für Kübel

Fenchel verträgt Trockenheit schlecht und gedeiht darum in Gegenden mit heißen Sommern nicht gut in Kübeln. Hier eignet sich Grüner oder Brauner Gewürzfenchel besser. Die Pflanzen sind unkompliziert und haben sehr würzige Blätter.

Möhren

Möhren wachsen leicht, aber nicht immer schön gerade. Dennoch gehören sie zu den Klassikern im Nutzgarten. Schnellwüchsige Sorten können vor allem bei Anbau im Gewächshaus früh geerntet werden. Späte Sorten lassen sich gut als Wintervorrat einlagern.

- **Lebensdauer:** Frühling bis Herbst (manche Sorten später)
- **Pflanzung/Aussaat:** Vom Frühjahr an direkt ins Beet oder in Kübel säen
- **Standort:** Bevorzugen leichten, sandigen, eher nährstoffarmen Boden, kommen aber auch mit anderen Bedingungen zurecht

Pflanzung/Aussaat

Wie dicht gesät wird, hängt von der Sorte, dem Boden und der gewünschten Erntegröße ab. Ich säe relativ dicht und dünne die Reihen später aus. Manche Gärtner meinen allerdings, dass dabei durch den Geruch beschädigter Blätter Schädlinge angelockt werden können.

Pflege

Am besten sät man alle zwei bis drei Wochen kleine Mengen, um fortlaufend ernten zu können und eine Ernteschwemme zu vermeiden. Bei Trockenheit sollten Möhren bewässert werden, aber nicht zu großzügig. Lassen Sie möglichst einige Pflanzen blühen, denn die Blüten und die Samen locken Nützlinge an.

Unkrautbekämpfung

Vor allem in feuchten Jahren muss oft gejätet werden, damit das Unkraut die Möhren nicht überwuchert. So geht es am besten:

- Eine Reihe säen und das Reihenende mit transparenter Folie abdecken. Unkrautsamen unter der Folie keimen etwas schneller.
- Sobald unter der Folie Unkraut erscheint, die ganze Reihe mit einem Gasbrenner abflämmen. Dadurch werden Unkräuter abgetötet, die schon gekeimt haben, aber noch nicht aus der Erde schauen. Die Möhren nehmen keinen Schaden, weil sie langsamer keimen.

Ernte

Die Wurzeln können jederzeit geerntet werden, sind aber schwierig zu verarbeiten, wenn sie sehr dünn sind. Bleiben sie zu lange im Boden, droht Schädlingsbefall. Die Blätter können für Suppen und Eintöpfe verwendet werden, auch die Samen sind essbar.

Tipps für Kübel

Möhren gedeihen gut in Kübeln. Ideal sind kurze, frühe oder schnell wachsende Sorten. Regelmäßig gießen.

Mangold

Dieses Blattgemüse ist mit Spinat und Roter Bete verwandt. Es ist robuster und ertragreicher als echter Spinat, und es schießt nicht so leicht in Saat. Der Geschmack, der etwas intensiver ist als der von Spinat, sagt nicht jedermann zu.

- **Lebensdauer:** Ein bis zwei Jahre
- **Pflanzung/Aussaat:** Von Frühling bis Frühherbst direkt an Ort und Stelle säen oder in Modulen vorziehen
- **Standort:** Feuchter, fruchtbarer Boden in sonniger Lage, toleriert aber auch Halbschatten

Pflanzung/Aussaat

Die Samen keimen leicht, darum kann direkt ins Beet gesät werden. Bei Anzucht in Modulen wird später ausgepflanzt. Ich säe meist dicht, weil Schnecken einen Teil der Sämlinge fressen, und dünne später auf Abstände von 10–20 cm aus. Ausgezupfte Jungpflanzen sind essbar.

Pflege

Mangold, vor allem weißer, ist sehr robust und wächst auch bei kalter Witterung. Sät man ihn im Spätsommer, kann er überwintern und im Spätfrühling geerntet werden, wenn der Garten noch nicht viel Frisches hergibt. Die Pflanze stammt ursprünglich aus Küstenlagen und verträgt maritimes Klima gut.

Unkrautbekämpfung

Mangold wächst kräftig und setzt sich gegen Unkraut durch. Nur wenn die Sämlinge klein sind, muss von Hand gejätet werden.

Ernte

Es gibt verschiedene Erntemethoden:

- Nur die äußeren Blätter abzupfen (nach außen und unten, wie Rhabarber), die mittleren wachsen lassen.
- Die ganze Pflanze abschneiden. Sie wächst nach, wenn das Herz nicht verletzt wird.
- Die Pflanze aus dem Boden ziehen und die Fläche anderweitig nutzen.

Auch die Blattstiele sind essbar: In dünne Scheiben schneiden, mit Zwiebeln anbraten und mit Rotwein ablöschen.

Tipps für Kübel

Mangold mit roten oder bunten Stielen (Regenbogen-Mangold) ist nicht nur schmackhaft, sondern sieht auch sehr dekorativ aus.

Zucchini

Zucchinipflanzen sind sehr unkompliziert und tragen im Sommer jede Menge saftiger Früchte. Sie eignen sich gut für einen Gemeinschaftsgarten, denn die Ernte fällt oft so groß aus, dass viele Personen satt werden. Mir gefällt die gestreifte Sorte 'Striato di Napoli' besonders gut.

- **Lebensdauer:** Spätfrühling bis Herbst
- **Pflanzung/Aussaat:** Im Spätfrühling in Module oder nach dem letzten Frost direkt ins Beet säen
- **Standort:** Durchlässiger, fruchtbarer Boden in voller Sonne

Pflanzung/Aussaat

Ich lege meist je zwei Samen in kleine Töpfe. Wenn beide keimen, knipse ich den schwächeren ab und pflanze den kräftigen aus, sobald er einige größere Blätter hat. In durchlässigen, warmen Boden kann auch direkt gesät werden. Erst auspflanzen, wenn keine Frostgefahr mehr besteht.

Pflege

Zucchini wachsen kräftig und sind kaum anfällig für Schädlinge. Nur in kühlen Nächten machen sich Schnecken manchmal über Jungpflanzen her. Gegen Ende der Saison kann Mehltau auftreten. Dann sollte man die Pflanzen ausgraben und kompostieren. Bei Trockenheit bewässern, damit fortlaufend Früchte gebildet werden.

Unkrautbekämpfung

Unter den großen Zucchiniblättern hat Unkraut kaum eine Chance. Sie können unter Jungpflanzen auch eine kompostierbare Mulchfolie auslegen. Wenn sie zerfällt, sind die Pflanzen so groß, dass Unkraut keine ernsthafte Konkurrenz mehr für sie darstellt. Alternativ in eine mit Gründünger bewachsene Fläche von ca. 80 cm^2 pro Zucchini-Jungpflanze frei zu halten, bis diese herangewachsen ist.

Ernte

Ich ernte Zucchini gern jung und brate oder grille sie (in Scheiben geschnitten oder längs halbiert). Regelmäßig ernten, damit die Früchte nicht zu groß werden. Bei feucht-warmem Wetter wachsen die Früchte sehr schnell. Gefüllte Zucchiniblüten sind eine Delikatesse. Wenn Ihr Garten Gewinn erwirtschaften will, fragen Sie in Restaurants nach, ob Interesse an den Blüten besteht.

Tipps für Kübel

Zucchinipflanzen brauchen große Kübel mit nährstoffreichem Substrat. Einmal täglich gießen, bei heißem Wetter öfter.

Gurken

Salatgurken eignen sich gut für Salate, Gazpacho oder frische Dips. Sie brauchen viel Wasser, sind ansonsten aber unkompliziert. Sie breiten sich auf Beeten aus, klettern aber auch an Spalieren in die Höhe. Wichtig ist, dass Sie Freilandsorten wählen.

- **Lebensdauer:** Spätfrühling bis Herbst
- **Pflanzung/Aussaat:** Unter Dach vorziehen, selbst Freilandsorten brauchen eine Keimtemperatur von 15–29° C
- **Standort:** Durchlässiger, Fruchtbarer Boden in voller Sonne

Pflanzung/Aussaat

Jungpflanzen erst nach dem letzten Frost auspflanzen und vor Wind und Kälte schützen. Auf schwerem Boden nicht zu reichlich gießen. Wenn die Pflanzen größer werden, vertragen sie auch reichlichere Wassergaben.

Pflege

Gurken lieben Wärme und hohe Luftfeuchtigkeit, vor allem nachts. Sie sind keine guten Nachbarn für Tomaten, die trockenere Bedingungen bevorzugen. Im Tunnel oder Gewächshaus kann man die Blätter von Gurkenpflanzen mehrmals täglich mit Wasser besprengen oder die Wege feucht halten.

Unkrautbekämpfung

Ich lege gern Pappe oder Plastikfolie auf den Boden, um den Wurzelbereich feucht zu halten und Unkraut zu unterdrücken.

Ernte

Vor allem lange Sorten erst ernten, wenn die ganze Frucht angeschwollen ist – aber nicht warten, bis sie gelb und wässrig wird. Eine gesunde Pflanze bildet ein- bis zweimal pro Woche eine Gurke. Zum Einlegen werden spezielle Sorten angeboten. Die essbaren Blüten sind eine hübsche Zutat für Salate.

Tipps für Kübel

Viele Freilandsorten gedeihen problemlos in Kübeln. Ohne Kletterhilfe hängen sie über den Kübelrand. Sind sie im Weg, kann man sie einfach hochbinden. Gurken können auch an einem Spalier gezogen werden.

Knoblauch

Zwiebeln, Knoblauch und Porree sind miteinander verwandt – und meiner Meinung nach aus der Küche nicht wegzudenken. Knoblauch kann im Beet überwintern oder jung und mild im Frühsommer geerntet werden.

- **Lebensdauer:** Herbst bis Frühjahr/Sommer; bildet im zweiten Jahr Blüten und Samen
- **Pflanzung/Aussaat:** Zehen im Spätherbst oder Frühwinter pflanzen
- **Standort:** Bevorzugt leichten, gut durchlässigen Boden, toleriert aber auch andere Böden

Pflanzung

Eine Knolle in einzelne Zehen teilen und die Zehen 2,5–5 cm tief in den Boden stecken. Das spitze Ende zeigt nach oben. Die Abstände zwischen den Zehen sollten 15 cm betragen, zwischen den Reihen sind 50 cm sinnvoll.

Pflege

Knoblauch ist pflegeleicht, bildet aber nicht immer Knollen von ansehnlicher Größe. Wichtig ist, gute Sorten zu wählen und die jungen Pflanzen zu bewässern, wenn sie sich im Spätfrühling entwickeln. Während des Wachstums kann etwas Kaliumsulfat nützlich sein.

Unkrautbekämpfung

Im Winter muss nicht oft gejätet werden. Ein paar Unkräuter schützen die Pflanzen vor Schädlingen und verhindern, dass der Boden ausgewaschen wird. Wenn der Knoblauch im Frühling zu wachsen beginnt, den Boden unkrautfrei halten, um gute Luftzirkulation zu gewährleisten. Alternativ schwarze Mulchfolie ausbreiten, Löcher hineinstechen und die Zehen durch diese Löcher pflanzen.

Ernte

Die Knollen können je nach regionalem Klima im Hoch- bis Spätsommer frisch geerntet werden. Alternativ warten, bis die Blätter gelb werden. Zwiebeln sollen im Boden bleiben, bis alle Blätter braun sind. Knoblauch muss früher geerntet werden, sonst platzen die Knollen und verderben schneller. Knollen, die gelagert werden sollen, in der Sonne trocknen.

Tipps für Kübel

Knoblauch eignet sich ausgezeichnet für Kübel, weil er flach wurzelt und durchlässiges Substrat braucht. Er kann allein oder unter höhere Gewächse gepflanzt werden. Hübsch ist ein Kreis aus Knoblauch und in der Mitte Stangenbohnen.

Porree

Wie Knoblauch ist auch Porree erntereif, wenn der Garten nicht viel Frisches hergibt. Viele Sorten können im Winter und bis in den Frühling hinein geerntet werden. Weil Porree kaum anfällig für Krankheiten und Schädlinge ist, eignet er sich auch gut für ungeübte Gärtner.

- **Lebensdauer:** Frühjahr bis Herbst (einige Sorten später)
- **Pflanzung/Aussaat:** Zeitig im Frühjahr in Schalen säen und ab Spätfrühling an den endgültigen Platz pflanzen
- **Standort:** Toleriert die meisten Böden, selbst schwere

Pflanzung/Aussaat

Wenn die Sämlinge etwa 20 cm hoch sind, mit einem Pflanzholz (oder einem angespitzten Stock) 10–15 cm tiefe Löcher in den Boden stechen und in jedes einen Sämling setzen. Verhedderte Wurzeln müssen eventuell abgeschnitten werden. Je tiefer das Pflanzloch, desto länger wird der milde, weiße Teil der Porreestange.

Pflege

Es ist nicht unbedingt nötig, die Stangen anzuhäufeln, aber es hilft bei der Unkrautbekämpfung und sorgt dafür, dass der weiße Teil der Stange länger wird. Im Spätsommer kann ein stickstoffreicher Dünger gegeben werden.

Unkrautbekämpfung

Ich hacke früh in der Saison, solange die Jungpflanzen empfindlich sind. Wenn sie größer und kräftiger sind, übersehe ich das Unkraut. Dadurch wird die Ernte in warmen Wintern schwieriger, weil das Unkraut weiterwächst. Andererseits schützt es den Boden und bietet Nützlingen Unterschlupf.

Ernte

Porree kann bleistiftdünn geerntet werden (ich habe einmal einen Koch beliefert, der dünne Stangen schätzte), manche Sorten können aber auch mehrere Zentimeter dick werden. Wartet man zu lange, bilden sich Blüten, und der Porree wird unbrauchbar. Der ideale Erntezeitpunkt hängt von Sorte und Saison ab. Mit geschickter Planung kann man fast ganzjährig ernten.

Tipps für Kübel

In Kübeln braucht Porree mehr Waser als Knoblauch. Bei Trockenheit geht er schnell in Saat.

Grünkohl

Seit Grünkohl zum *Superfood* erklärt wurde, ist er groß in Mode. Er ist unkompliziert anzubauen, und kann fast ganzjährig geerntet werden, weil man die Blätter nicht nur jung, sondern auch voll ausgereift essen kann.

- **Lebensdauer:** Frühjahr bis Herbst/Winter (evtl. später)
- **Pflanzung/Aussaat:** Im Frühling oder Frühsommer aussäen
- **Standort:** Gedeiht auf den meisten fruchtbaren Böden

Pflanzung/Aussaat

In Modulen vorziehen oder direkt ins Beet säen und später an den endgültigen Platz umpflanzen. Grünkohl kommt, wie die meisten Kohlarten, gut mit kühlem Klima zurecht. Seine Samen keimen schon bei 4° C. Das bedeutet, dass man ihn in milden Regionen im zeitigen Frühling oder sogar im Winter säen kann.

Pflege

Nach dem Umpflanzen reichlich bewässern, aber wenn die Jungpflanzen angewachsen sind, weniger Wasser geben. Alle Sorten sind kälteverträglich und vertragen auch lange Frost- und Schneeperioden. Wenn die Pflanzen mehrere Zentimeter hoch sind, können unter ihnen Hülsenfrüchte oder Weißklee als Gründünger gesät werden, um den Boden zu schützen und seine Fruchtbarkeit zu verbessern. Netze schützen Grünkohl vor Vögeln und Raupen.

Unkrautbekämpfung

Zwischen Jungpflanzen muss vor allem bei dichtem Stand mehrmals gejätet werden. Später verdrängen sie mit ihren großen Blättern Unkraut. Kohlgewächse sollen eine allelopathische Wirkung besitzen: Sie sollen durch ihre Wurzeln Stoffe abgeben, die der Keimung von Unkrautsamen entgegenwirken.

Ernte

Jung für Salat ernten oder warten, bis die Pflanzen ausgewachsen sind. Erntet man zu früh, wird die Entwicklung der Pflanze behindert und der Ertrag fällt geringer aus. Einzelne Blätter nach Bedarf abschneiden.

Tipps für Kübel

Alle Kohlarten brauchen viele Nährstoffe und reichlich Wasser, darum eignen sie sich nicht gut für Kübel. Grünkohl lohnt dennoch einen Versuch, wenn man kleinwüchsige Sorten wie 'Cavolo Nero' wählt.

Violetter Brokkoli

- **Lebensdauer:** Frühling bis Winter (manche Sorten später)
- **Pflanzung/Aussaat:** Im Frühling aussäen, im Frühsommer auspflanzen
- **Standort:** Fruchtbarer, durchlässiger Boden

Der Anbau dieser Gemüseart ist ein gewisser Luxus, weil die Pflanzen sehr lange im Beet stehen. Andererseits ist das frische Gemüse im Frühling ein besonderer Genuss.

Pflanzung

Die Anbauplanung wird zunehmend schwieriger, weil die Winter in vielen Regionen unberechenbar sind. Es gibt aber verschiedene Sorten, die zu unterschiedlichen Zeiten geerntet werden. Wer die Aussaatempfehlungen der Sorte beachtet, sollte mit einer guten Ernte rechnen können – wenn auch möglicherweise nicht zur geplanten Zeit.

Pflege

Nach der Pflanzung und bei Trockenheit reichlich bewässern, sonst sparsam. Im Winter die Pflanzen stützen, damit der Wind sie nicht umweht. Netze schützen die Pflanzen vor Vögeln und Raupen.

Unkrautbekämpfung

Wie bei Grünkohl muss zu Beginn der Saison einige Male gejätet werden.

Ernte

Die Blütensprosse ernten, sobald sie erscheinen. Bildet sich am Haupttrieb ein größerer Kopf, wird dieser geerntet, damit sich Seitensprosse bilden. Ernten Sie so lange wie möglich. Wie bei allen Kohlarten sind fast alle Teile essbar, auch die gelben Blüten und die Blütenstiele, solange sie nicht holzig werden.

Tipps für Kübel

Spross-Brokkoli gedeiht nur in sehr großen Pflanzbehältern.

Blattsalate

Unter dieser Überschrift lassen sich viele Pflanzenfamilien zusammenfassen. Ich will mich aber hauptsächlich auf Salat- und Kohlgewächse konzentrieren. Man kann sie fast überall anpflanzen, und sie wachsen sogar in Töpfen auf der Fensterbank.

- **Lebensdauer:** Meist ca. 3–5 Monate, aber auch mehrjähriges Blattgemüse ist geeignet
- **Pflanzung/Aussaat:** Je nach Art und Sorte fast ganzjährig
- **Standort:** Fast alle Böden sind geeignet; ideal ist fruchtbares, durchlässiges Substrat

Pflanzung/Aussaat

Blattgemüse keimt meist schnell. Salat mag aber keine hohen Temperaturen und keimt am besten, wenn er abends im Halbschatten gesät wird. Im Sommer nicht an heißen Standorten säen. Die Kunst besteht darin, eine fortlaufende Versorgung sicherzustellen. Am besten vom Frühjahr bis zum Spätherbst in Abständen von zwei bis drei Wochen jeweils nur wenige Samen in die Erde legen. Kohlarten können in warmem Klima ganzjährig gesät werden. In Modulen vorziehen und später auspflanzen oder direkt an Ort und Stelle säen. Sollen einzelne Blätter geerntet werden, ist es ratsam, an Ort und Stelle recht dicht zu säen, um Unkraut zu unterdrücken. Sollen Köpfe geerntet werden, ist es günstiger, vorzuziehen oder bei Direktsaat auszudünnen. Die ausgezupften Sämlinge sind essbar.

Pflege

Salat muss oft bewässert werden. Bei Trockenheit bildet er schnell Blüten und Samen. Immer nach der Ernte gießen. Die Störung durch das Ernten verursacht den Pflanzen Stress. Kommt Stress durch Trockenheit hinzu, schießen sie noch schneller in Saat. Kurzlebige Salate brauchen nicht gedüngt zu werden. Sie gedeihen am besten bei Temperaturen zwischen 10 und 20° C. In heißen Sommern bilden sie schnell Samen, darum zieht man sie am besten im Frühling oder Herbst oder gibt ihnen einen kühlen Platz im Halbschatten. Im Winter kann man sie mit Frühbeeten oder Vlies schützen.

Unkrautbekämpfung

Wenn das Beet bei der Aussaat relativ unkrautfrei ist, braucht meist nicht gejätet zu werden, weil Salate schnell wachsen. Nach einer Säuberung in der Anfangszeit setzen sie sich gegen Unkräuter gut durch. Ausnahmen bilden nur Sorten mit fiedrigen Blättern, beispielsweise asiatischer Mizuna.

Ernte

Durch kluges Ernten lässt sich der Ertrag beinahe verdoppeln. Es gibt drei Hauptmethoden, Salat zu ernten:

- Warten, bis sich ein Kopf entwickelt, und diesen an der Basis abschneiden. Wird der Schnitt nicht zu tief angesetzt, bilden manche Sorten noch einen zweiten oder dritten Kopf. Diese sind jedoch kleiner.
- Dicht säen und nach Bedarf Blätter schneiden. Je nach Witterung treiben die Pflanzen wieder aus, und Sie können noch fünf- oder sechsmal ernten, wenn Sie nicht zu radikal zu Werk gehen. Diese Methode eignet sich für Sorten wie 'Lollo Rosso' und Eichenblattsalate, die lockere Köpfe bilden, sowie für asiatische Kohlarten.
- Von mittelgroßen Pflanzen können nur die äußeren Blätter gepflückt werden. Die Methode kostet Zeit, hat aber Vorteile. Die Pflanzen leben länger und bilden immer neue Blätter. Und weil die Krone langsam höher rückt, kann die Luft zwischen den Pflanzen gut zirkulieren. Dadurch wird Krankheiten vorgebeugt.

Tipps für Kübel

Ideal sind Amaranth oder Basilikum, die an heißes Klima angepasst sind. Bei ausreichender Bewässerung gedeihen aber alle Blattsalate in Töpfen und Kübeln.

Das alles kann «Blattsalat» sein:

- Kopf- und Schnittsalat
- Kräuter wie Basilikum, Petersilie, Koriander und Fenchel
- Senf und asiatische Kohlgewächse wie Mizuna und Pak choi
- Blattgemüse wie Grünkohl, Mangold, Möhren sowie die Blätter von Möhren und Roter Bete
- Triebspitzen und junge Blätter von Erbsen
- «Unkräuter» wie Löwenzahn, Zichorie und Sauerampfer, in kleinen Mengen und in den kühleren Jahreszeiten. Bei heißem Wetter werden die Blätter hart und schmecken sehr herb.

Erbsen

Erbsen sind das ideale Gemüse für den Gemeinschaftsgarten. Sie wachsen problemlos und schmecken am besten direkt von der Pflanze. Meine Kinder sind verrückt nach jungen Erbsen. Wenn sie zum «Helfen» mit in den Garten kommen, gelingt es kaum, Erbsen mit nach Hause zu bringen.

- **Lebensdauer:** Frühling bis Spätsommer/Herbst
- **Pflanzung/Aussaat:** Je nach Sorte und Verwendung Aussaat von Frühling bis Spätherbst möglich
- **Standort:** Bevorzugt durchlässige Böden, braucht nicht viele Nährstoffe

Pflanzung/Aussaat

Erbsen keimen leicht und können etwa 2 cm tief direkt ins Beet gesät werden. Manchmal fressen allerdings Mäuse die Samen. Wer junge Triebspitzen für Salat ernten will, kann dicht säen. Ansonsten sind Abstände von etwa 5 cm empfehlenswert.

Pflege

Es gibt einige kleinwüchsige Sorten, die ohne Stützen auskommen. Für kleine Gärten bevorzuge ich aber höhere Sorten, die über einen langen Zeitraum tragen. An Stangen oder Spalieren hochbinden und häufig bewässern, vor allem während der Blüte und wenn die Hülsen anzuschwellen beginnen.

Unkrautbekämpfung

Jungpflanzen müssen unkrautfrei gehalten werden. Wenn sie zu klettern beginnen, können sie sich gegen mäßigen Unkrautwuchs behaupten. Als Untersaat kann Klee als Gründünger verwendet werden.

Ernte

Ich esse gern junge Triebspitzen im Salat. Sie müssen geerntet werden, bevor sich Blüten bilden, weil sie sonst hart und faserig werden. Die Spitzen einfach mit Daumen und Zeigefinger abknipsen. Zuckerschoten, die im Ganzen gegessen werden, regelmäßig pflücken, solange sie jung sind. Später werden sie faserig. Gartenerbsen ernten, sobald die Schoten angeschwollen sind. Bleiben sie zu lange an der Pflanze, trocknen die Hülsen und die Erbsen im Inneren werden hart.

Tipps für Kübel

Erbsen gedeihen gut in Kübeln. Sie brauchen aber viel Wasser, vor allem, wenn sich die Hülsen bilden.

Kartoffeln

Der Anbau von Kartoffeln ist simpel und macht Spaß, und die Ernte hat etwas von einer Schatzsuche. Allerdings nehmen Kartoffeln viel Beetfläche ein. Darum pflanze ich normalerweise nur Frühkartoffeln, die nicht so lange in der Erde bleiben müssen wie die Sorten für die Haupternte.

- **Lebensdauer:** Frühling bis Sommer/Herbst, je nach Sorte
- **Pflanzung/Aussaat:** Pflanzkartoffeln im zeitigen bis mittleren Frühjahr eingraben
- **Standort:** Nährstoffreicher, durchlässiger Boden

Pflanzung

Kartoffeln mögen einen sonnigen Platz und haben einen hohen Nährstoffbedarf. Entweder in der Fruchtfolge nach Gründünger pflanzen oder im Herbst den Boden mit Kompost oder verrottetem Stallmist anreichern. Es empfiehlt sich, spezielle Pflanzkartoffeln zu verwenden. Wer frühzeitig ernten will, kann sie im Haus vorkeimen. Dazu ein Tablett mit Zeitungspapier auslegen, die Pflanzkartoffeln darauf verteilen und an einen trockenen, frostfreien Platz stellen. Wenn sich 2 cm lange Keime gebildet haben, die Kartoffeln in 8–15 cm Tiefe in Abständen von 50–75 cm pflanzen.

Pflege

Die ersten Triebe früh gepflanzter Kartoffeln müssen in Frostnächten eventuell mit Vlies geschützt werden. Bei wärmerem Wetter kann es abgenommen werden. Bewässert wird nur bei Trockenheit. Wenn die Pflanzen blühen, setzt die Knollenbildung ein. Knollen, die Licht ausgesetzt sind, werden grün und sind giftig. Um das zu vermeiden, sollten Kartoffelpflanzen regelmäßig angehäufelt werden. Krankheiten und Schädlinge können gelegentlich auftreten. Besonders gefährlich ist die Krautfäule. Ihr kann man aus dem Weg gehen, indem man nur frühe Sorten pflanzt: Sie werden geerntet, bevor die Krankheit sich ausbreiten kann.

Unkrautbekämpfung

Sobald Kartoffelpflanzen groß genug sind, unterdrücken sie die meisten Unkräuter. In der Anfangszeit kann das Jäten beim Anhäufeln erledigt werden, das auch dazu beiträgt, dass sich der Boden schneller erwärmt.

Ernte

Wenn sich Blüten zeigen oder das Laub zu welken beginnt, kann die Ernte beginnen. Kartoffeln, die eingelagert werden sollen, etwas länger in der Erde lassen, damit ihre Schale fester wird. Zur Probe vorsichtig mit dem Fingernagel über die Schale schaben: Bleibt keine Spur zurück, sind sie erntereif. Frühkartoffeln eignen sich nicht zum Einlagern.

Tipps für Kübel

Das Behältnis sollte mindestens 60 cm tief sein. Beim Pflanzen nicht bis zum Rand mit Erde füllen, sondern mindestens 10 cm Platz lassen. Erde nachfüllen, wenn die Pflanzenstängel etwa 15 cm hoch sind.

Rhabarber

Dies ist eine der unkompliziertesten Nutzpflanzen. Rhabarber nimmt gelegentliche Vernachlässigung nicht übel und ist kaum von Schädlingen und Krankheiten bedroht. Er verträgt Schatten und kann, wenn er einmal angewachsen ist, mehrere Jahre an seinem Platz bleiben.

- **Lebensdauer:** Viele Jahre
- **Pflanzung/Aussaat:** Pflanzung von Spätherbst bis Vorfrühling (Ruhezeit)
- **Standort:** Bevorzugt fruchtbaren Boden mit gutem Wasserhaltevermögen, toleriert aber fast alle Böden. Verträgt Schatten

Pflanzung

Normalerweise werden kulinarisch wertvolle Sorten gepflanzt. Weil die Pflanzen lange leben und durch Teilung vermehrt werden können, empfehle ich, für gesunde Pflanzen einer wirklich guten Sorte etwas mehr Geld auszugeben.

Pflege

Im ersten Jahr regelmäßig wässern. Ältere Pflanzen wurzeln tief und überdauern auch Trockenperioden. Jedes Jahr mit Kompost mulchen, um ihren hohen Nährstoffbedarf zu decken.

Unkrautbekämpfung

Mehrjährige Unkräuter vor der Pflanzung sorgfältig entfernen. Ansonsten unterdrücken die großen Blätter die meisten Unkräuter, sodass nur gelegentlich von Hand gejätet werden muss. Ich lege die Blätter von geernteten Stangen um die Pflanzen auf den Boden, um es dem Unkraut schwerzumachen.

Ernte

Über den richtigen Erntezeitpunkt gibt es verschiedene Ansichten. Im ersten Jahr sollte man nicht ernten, damit die Pflanze in Ruhe anwachsen und Reserven aufbauen kann. Wenn das Wetter heiß und trocken ist, werden die Stangen faserig. Darum wird meist empfohlen, nur bis zum Frühsommer zu ernten.

Tipps für Kübel

Weil Rhabarber sehr tief wurzelt, eignet er sich nicht gut für Kübel.

Kürbis

Ich pflanze und esse gern Kürbisse, wobei der Erfolg vom Klima und von der Sorte abhängt. Es gibt viele verschiedene Sorten. Manche reifen im Sommer und werden gleich verzehrt. Andere reifen im Herbst und können bis in den Winter hinein gelagert werden.

- **Lebensdauer:** Spätfrühling bis Sommer oder Herbst
- **Pflanzung/Aussaat:** Unter Dach vorziehen oder nach dem letzten Frost direkt an Ort und Stelle säen
- **Standort:** Nährstoffreicher, durchlässiger Boden in voller Sonne

Pflanzung/Aussaat

Meiner Erfahrung nach gedeihen Kürbisse am besten, wenn sie direkt ins Beet gesät werden. Sie brauchen jedoch eine Keimtemperatur von mindestens 13° C. Zieht man sie unter geschützten Bedingungen vor, gewinnt man etwas Zeit. Durch das Auspflanzen können sie aber einen Schock erleiden, der bewirkt, dass das Wachstum eine oder zwei Wochen stagniert.

Pflege

Kürbisse lieben heiß-trockenes Wetter, der Wurzelbereich muss aber oft bewässert werden. Nachtfröste können junge Pflanzen schädigen. Tomatendünger fördert die Fruchtbildung und ist für Kürbispflanzen in Kübeln unerlässlich.

Unkrautbekämpfung

Jungpflanzen durch Einschnitte in schwarzer Mulchfolie pflanzen oder ringsherum Pappe auslegen. Alternativ den Boden in den ersten Wochen konsequent unkrautfrei halten. Größere Pflanzen verdrängen die meisten Unkräuter. Möglich ist auch, einen niedrigen Gründünger (Leguminosen) als Untersaat zu verwenden.

Ernte

Sommerkürbisse ernten, sobald sie die gewünschte Größe haben. Winterkürbisse sind erst lagerfähig, wenn sich die Schale gefestigt hat. Das ist meist dann der Fall, wenn das Laub abwelkt. Da sie vor dem ersten Frost geerntet werden müssen, ist das Zeitfenster recht klein. Zur Probe einen Fingernagel in die Kürbisschale drücken. Wenn er keine Spur hinterlässt, ist die Schale fest genug.

Tipps für Kübel

Kürbisse gedeihen gut in Kübeln, wenn ihnen viel nährstoffreiches Substrat (oder reiner Gartenkompost) zur Verfügung steht. Regelmäßig bewässern und düngen.

Mais

Mais nimmt viel Platz ein, aber gartenfrische Kolben schmecken unvergleichlich gut: viel süßer als Maiskolben, die schon einige Tage im Geschäft liegen.

- **Lebensdauer:** Frühling bis Sommer/Herbst
- **Pflanzung/Aussaat:** Direktsaat im Frühsommer, oder Vorzucht im mittleren/späten Frühling
- **Standort:** Nährstoffreicher, durchlässiger Boden an vollsonniger, windgeschützten Stelle

Pflanzung

Wer Mais vorzieht, muss ihn rechtzeitig auspflanzen, weil das Wurzelwerk schnell zu groß für Module oder Töpfe wird. Ich säe lieber direkt ins Beet und bin der Meinung, dass die Pflanzen nicht viel später erntereif sind als vorgezogene. Mais wird vom Wind bestäubt, darum sollte er nicht in Reihen, sondern in kompakten Gruppen gesät werden.

Pflege

Vor der Aussaat düngen, denn Mais hat einen hohen Nährstoffbedarf. Er verträgt Hitze gut und toleriert Trockenheit. Wenn sich die Blüten bilden, sollte der Boden aber feucht gehalten werden, vor allem in sehr trockenen Jahren.

Unkrautbekämpfung

Unkraut bereitet kaum Probleme, weil die Pflanzen schnell wachsen. Sät man sie in Abständen von 60 cm (statt der meist üblichen 4 cm), können dazwischen Kürbisse wachsen, die Unkraut mit ihren Blättern unterdrücken.

Ernte

Wenn die Faserquasten (die Staubgefäße der Blüten) trocken und braun werden, können die Kolben geerntet werden. Drücken Sie zur Probe auf die Spitze: Fühlt der Kolben sich rund an, ist er erntereif. Ist er spitz, muss er noch reifen.

Tipps für Kübel

Mais gedeiht nur in tiefen Pflanzgefäßen. Es empfiehlt sich, mehrere als Gruppe aufzustellen, um gute Bedingungen für die Bestäubung zu schaffen.

Tomaten

Tomaten sind ein Muss im Nutzgarten, denn frisch geerntet schmecken sie viel besser als aus dem Geschäft. Der Anbau ist recht einfach, die Pflanzen brauchen aber regelmäßig Dünger und Wasser.

- **Lebensdauer:** Frühling bis Spätsommer/Herbst
- **Pflanzung/Aussaat:** Im zeitigen Frühjahr im Haus bei 15–30° C aussäen
- **Standort:** Durchlässiger, fruchtbarer Boden; in kühlem Klima am besten in einem Folientunnel oder Gewächshaus

Pflanzung/Aussaat

Ich säe in Modulen oder kleinen Töpfen aus und pflanze die Sämlinge nach einigen Wochen in größere Töpfe um. Sie dürfen erst nach dem letzten Frost ins Freie umziehen. Die Pflanzen bilden am Haupttrieb Wurzeln und sollten etwas tiefer ins Beet gepflanzt werden, damit sie guten Halt im Boden finden.

Pflege

Tomaten brauchen nährstoffreichen Boden. Auf weniger fruchtbaren Beeten sollten sie mit einem Tomatendünger versorgt werden, der viel Kalium und Phosphor enthält. Wenn die Blütenbildung einsetzt, einmal wöchentlich mit Düngerlösung gießen. Stickstofflastige Dünger meiden; sie bewirken nur, dass das Laub übermäßig wächst und anfällig für Krankheiten und Schädlinge wird.

Tomaten müssen regelmäßig bewässert werden, aber nicht zu stark, sonst platzen die Früchte. Wenn es im Herbst kühler und feuchter wird, nicht mehr begießen, sonst droht Pilzbefall. Die unteren Blätter entfernen, wenn sie sich verfärben. So kommt die Energie der Pflanze den jüngeren Trieben und der Fruchtbildung zugute. Die Pflanzen stützen, wenn sie höher werden. Von Rispentomaten die Seitentriebe entfernen und nur den Haupttrieb an der Stütze in die Höhe leiten.

Unkrautbekämpfung

In der ersten Zeit die Pflanzen unkrautfrei halten. Sie können Jungpflanzen auch durch eine schwarze Mulchfolie pflanzen oder den Boden mit organischem Mulch bedecken. Eine Unterpflanzung mit Tagetes unterdrückt nicht nur Unkraut, sondern lockt auch Nützlinge an, die bei der Schädlingsbekämpfung helfen.

Ernte

Regelmäßig ernten. Die Früchte ganz ausreifen lassen, wenn sie sofort verbraucht werden. Sollen sie transportiert werden, lieber einige Tage vorher ernten. Am Ende der Saison die grünen Tomaten pflücken und im Haus an einem warmen Platz nachreifen lassen.

Tipps für Kübel

Tomaten gedeihen gut in Kübeln, wenn sie regelmäßig gegossen und gedüngt werden.

Blumen für Vase und Teller

Blumen schmücken den Garten und die Wohnung, sie locken Nützlinge an und sind eine großartige Zutat für Salate, Öle und mehr. Kapuzinerkresse und einige andere Blüten schmecken pfeffrig-pikant, Veilchen haben ein mil-deres Aroma.

Ernte

Zum Essen: Am besten an einem trockenen Morgen schneiden. Die Blüten sollen füllig, aber nicht nass sein. Sind sie zu trocken, verwelken sie, bevor sie auf den Tisch kommen. Sind sie zu nass, faulen sie schnell. Die zarten Blütenblätter sind empfindlich, darum lege ich sie in einen kleinen Korb – jedoch höchstens in zwei Schichten. Geschnittene Blüten nicht in die Sonne stellen, sie welken binnen Minuten. So schnell wie möglich in den Kühlschrank legen.

Für die Vase: Auch Blumensträuße schneidet man am besten am Morgen, wenn die Stängel am frischesten sind. Die Blüten mit möglichst langen Stielen schneiden (bei den meisten Pflanzen direkt am Stielansatz) und so schnell wie möglich in einen Eimer mit Wasser stellen. Sie halten länger, wenn die Blüten noch etwas knospig sind.

Sicher gehen

Anders als bei Obst und Gemüse, die für den menschlichen Verzehr gezüchtet sind, steht bei Blumen der Schmuckwert im Vordergrund. Die auf Seite 117–119 genannten Blumen (und viele andere) kann man bedenkenlos essen, es gibt aber auch unbekömmliche und giftige. Informieren Sie sich gründlich, wenn Sie nicht ganz sicher sind. Manche Schnittblumen können Hautreizungen verursachen, darum empfiehlt es sich, zum Schneiden oder Pflücken Handschuhe anzuziehen.

Blüten von Nutzpflanzen

Selbst wenn Sie keine Beetfläche für Blumen reservieren wollen, können Sie Blüten und Blattwerk für die Vase schneiden. So bilden beispielsweise Zwiebeln, Porree und ihre Verwandten sehr attraktive Kugelblüten. Auch die zarten Blütenstände von Möhren, Sellerie und anderen Korbblütlern sehen hübsch aus. Rucola hat zauberhafte, aber schnell welkende Blüten, die jedoch, wie die Blüten der meisten Kreuzblütler, in der Vase einen Kohlgeruch verströmen. Fiedriges Spargellaub eignet sich gut als Schnittgrün für Blumensträuße.

Ein- und Zweijährige

Einjährige Blumen kann man im Frühling zwischen Nutzpflanzen säen. Sie wachsen schnell und blühen nach kurzer Zeit. Zweijährige bilden im ersten Standjahr nur Blätter, die Blüten erscheinen im zweiten Jahr. Viele sind ein dekorativer Beetschmuck.

- **Lebensdauer:** Ein oder zwei Jahre
- **Pflanzung/Aussaat:** Die meisten werden im Frühling gesät, manche Zweijährigen im Spätsommer
- **Standort:** Fast alle Bodentypen, auch nährstoffarme, vorzugsweise in voller Sonne

Pflanzung/Aussaat

Ein- und Zweijährige keimen meist leicht und wachsen schnell. Sie können direkt an Ort und Stelle gesät werden. In kühlen Regionen ist es ratsam, frostempfindliche Arten unter Dach vorzuziehen und später auszupflanzen.

Pflege

Die meisten einjährigen Blumen sind anspruchslos. Wenn sie bei Trockenheit gegossen werden, blühen sie reicher und über einen längeren Zeitraum. Bei Wicken und vielen anderen wird die Neubildung von Blüten angeregt, wenn man regelmäßig Blüten für die Vase schneidet.
Zweijährige brauchen etwas mehr Aufmerksamkeit, zumal sie im ersten Jahr nicht blühen. Es wäre schade, wenn sie vernachlässigt oder über Winter vergessen würden. Am Anfang des zweiten Jahrs können sie bei Bedarf umgepflanzt werden.

Unkrautbekämpfung

Wie Gemüse behaupten sich auch Blumen unterschiedlich gut gegen Unkraut. Am besten werden sie auf unkrautfreien Boden gesät, danach sollte gelegentlich gejätet werden, bis sie groß und kräftig sind. Der Boden um Zweijährige muss im ersten Jahr unkrautfrei gehalten werden, damit sie optimale Chancen haben, ihr zweites Lebensjahr zu erreichen.

Empfehlungen

Zum Essen: Ringelblumen, Tagetes, Veilchen, Petunien und Löwenmäulchen haben essbare Blüten.
Zudem tragen viele Bohnen, Gurken, Kürbisse, Radieschen, Rucola und viele andere Gemüsearten köstliche Blüten. Man kann normalerweise einige ernten, ohne den Hauptertrag zu schmälern, so hat man einen doppelten Nutzen.

Für die Vase: Mohn und Jungfer-im-Grünen blühen nur einmal. Viele andere, darunter Knorpelmöhre, Schmuckkörbchen, Duftwicken und verzweigte Sonnenblumen, blühen über einen längeren Zeitraum, wenn man durch regelmäßigen Schnitt die Blütenbildung anregt.
Zweijährige wie Bartnelken *(Dianthus barbatus)* und Goldlack (*Erysimum* sp.) werden im Hochsommer gesät. Sie überwintern und tragen im folgenden Frühling hübsche, oft duftende Blüten. Schneidet man regelmäßig, bilden sie immer neue Blüten, bis es im Sommer heiß wird.

Tipps für Kübel

Die meisten Ein- und Zweijährigen fühlen sich in Kübeln wohl und kommen auch mit kurzen Trockenheitsperioden zurecht. Wenn sie verblüht sind, können die Behälter neu bepflanzt werden.

Stauden und Zwiebeln

Stauden sind ausdauernde Pflanzen, die meist im Herbst absterben und im Frühling wieder austreiben. Auch Zwiebeln überdauern die Ruhezeit im Boden und treiben aus, wenn die Bedingungen günstig sind. Beide Pflanzengruppen tragen dekorative und oft essbare Blüten.

- **Lebensdauer:** Mehr als zwei Jahre
- **Pflanzung/Aussaat:** Jungpflanzen oder Zwiebeln kaufen und im Spätherbst/Frühjahr pflanzen
- **Standort:** Die meisten Stauden bevorzugen nährstoffreichen Boden. Für Zwiebeln muss der Boden durchlässig sein

Pflanzung

Kauft man die Pflanzen in Töpfen, können sie fast ganzjährig gepflanzt werden. Stauden müssen von Zeit zu Zeit geteilt werden. Dafür den Wurzelballen ausgraben, teilen und die einzelnen Stücke wieder einpflanzen. Überschüssige Teilstücke kann man verschenken oder – um Geld für den Gemeinschaftsgarten einzunehmen – verkaufen.

Pflege

Viele Pflanzen bilden Blüten, wenn sie unter Stress stehen. Wenn es Ihnen um die Blüten geht, können Sie sie auf nährstoffarmen Boden setzen, beispielsweise auf ein Beet am Ende der Fruchtfolge.

Unkrautbekämpfung

Stauden sind einfacher zu handhaben, wenn man sie unkrautfrei hält. Ihre Blüten kommen, ebenso wie die Blüten von Zwiebelblumen, auf einer sauberen Fläche am besten zur Geltung. Mit Gartenkompost oder Hackschnitzeln mulchen und gelegentlich jäten.

Empfehlungen

Zum Essen: Borretsch, Löwenzahn, Taglilien und Schnittlauch haben essbare Blüten. Mir schmecken Schnittlauchblüten besonders gut. Borretschblüten haben ein hübsches Blau, sind aber recht fade. Löwenzahn kann bitter schmecken. Taglilienblüten halten an der Pflanze nur einen Tag – Grund genug, sie in der Küche zu verwenden.

Für die Vase: Viele Stauden eignen sich gut zum Schnitt. Manche Blüten halten länger, und selbstverständlich spielen auch persönliche Vorlieben eine Rolle. Ich habe eine Schwäche für Rittersporn. Kugeldisteln, Phlox und Sonnenbraut sind zauberhaft und unkompliziert. Farne geben interessantes Schnittgrün ab. Lilien, Iris, Sterndolde und Chrysanthemen sind attraktiv, die Liste lässt sich fast endlos fortsetzen.

Tipps für Kübel

Zwiebelgewächse und kleinere Stauden wachsen gut in Kübeln. Hohe Stauden wie Rittersporn brauchen tiefgründigen, nährstoffreichen Boden. Sie gedeihen nur in großen Behältern, müssen gestützt und oft gegossen werden.

Bäume und Sträucher

Bäume und Sträucher tragen attraktives Laub, hübsche Blüten und farbige Beeren. Außerdem geben sie dem Garten rund ums Jahr Struktur und bieten Vögeln und anderen Kleintieren Unterschlupf.

- **Lebensdauer:** Viele Jahre
- **Pflanzung/Aussaat:** Vom Spätherbst bis zum zeitigen Frühjahr, Kübelware bei milder Witterung ganzjährig
- **Standort:** Die meisten bevorzugen nährstoffreichen, durchlässigen Boden, einige tolerieren auch schwierigere Bedingungen

Pflanzung

Wählen Sie nur Bäume oder Sträucher, die sich für den Standort eignen, denn sie sollen jahrelang an ihrem Platz bleiben. Den Boden gründlich vorbereiten. Nach der Pflanzung gut angießen, um die Wurzeln mit Erde einzuschlämmen.

Pflege

Im ersten Jahr nach der Pflanzung müssen Bäume und Sträucher meist bewässert werden – nicht nur bei Trockenheit. Vom zweiten Jahr an können sie normalerweise sich selbst überlassen werden. Jedes Jahr alle Zweige herausschneiden, die krank oder abgestorben sind oder sich an anderen reiben. Blühende Bäume und Sträucher nach der Blüte schneiden, damit sie auch im folgenden Jahr Blüten tragen.

Unkrautbekämpfung

In den ersten Jahren sollte der Boden um den Stamm unkrautfrei gehalten werden. Am besten rings um den Stamm als Mulch eine dicke Schicht Kompost verteilen, der aber den Stamm nicht berühren darf. Kleinere Bäume und Sträucher jährlich mit Holzhackschnitzeln mulchen und stets unkrautfrei halten.

Empfehlungen

Zum Essen: Äpfel, Pflaumen und Holunder gehören zu den Bäumen, die essbare Blüten tragen. Ebenso sind die Blüten verholzender Kräuter wie Salbei, Thymian und Rosmarin essbar. Ich habe einmal einen Koch beliefert, der für frische Thymianblüten mehr zahlte als für das eigentliche Kraut, weil er den pfeffrigen Geschmack so schätzte.

Für die Vase: Die farbigen Zweige von Hartriegel und Weide sind im Winter eine Augenweide. Forsythien, Flieder, Zaubernuss, Schneeball und Schönfrucht tragen hübsche Blüten. Außerdem liefern viele Bäume und Sträucher dekoratives Schnittgrün, beispielsweise Eukalyptus, Ahorn, Spindelstrauch, Ölweide oder Klebsame, nicht zu vergessen Stechpalme und andere Immergrüne für die Adventszeit. Floristen schätzen auch das silbrige Laub von Wermut und Beifuß.

Tipps für Kübel

Kleine Bäume und Sträucher kann man in große Kübel pflanzen, die meisten gedeihen aber besser im Boden.

Johannisbeeren und Stachelbeeren

Diese Beerensträucher sind ausgesprochen unkompliziert. Alle Sorten stellen ähnliche Ansprüche. Krankheiten und Schädlinge treten selten auf, allerdings fressen auch Vögel die Beeren gern. Das Pflücken ist etwas mühsam, aber wenn Mitglieder der Gartengemeinschaft und Freiwillige anpacken, ist die Ernte schnell erledigt.

- **Lebensdauer:** Viele Jahre, allerdings kann nach etwa acht Jahren der Ertrag nachlassen
- **Pflanzung/Aussaat:** Kübelware kann jederzeit gepflanzt werden, wurzelnackte Sträucher während der Ruhezeit im Winter
- **Standort:** Durchlässiger, fruchtbarer Boden in sonniger Lage; einige tolerieren auch Halbschatten

Arten und Sorten

Schwarze Johannisbeeren: Die Sträucher treiben aus dem Boden aus und tragen ihre Früchte hauptsächlich am ein- und zweijährigen Holz. Sie sind die wüchsigsten Johannisbeeren und werden groß, wenn sie nicht geschnitten werden. Die aromatischen Beeren haben einen hohen Vitamin-C-Gehalt und eignen sich hervorragend für Marmelade. Vögel bevorzugen die weicheren weißen und roten Sorten.

Jostabeeren: Dies ist eine Kreuzung zwischen Schwarzer Johannisbeere und Stachelbeere. Die Sträucher wachsen wie schwarze Johannisbeeren, die Früchte sind aber größer und etwas milder.

Rote und Weiße Johannisbeeren: Die farbenfrohen Beeren sehen dekorativ aus, locken aber Vögel an. Es empfiehlt sich, die Sträucher mit Netzen zu schützen. Die Früchte sind weicher als schwarze Johannisbeeren und verderben schneller, darum müssen sie behutsam geerntet werden.

Stachelbeeren: Die größeren Beeren sind leicht zu pflücken, allerdings kann man sich an den langen Stacheln leicht verletzen. Stachelbeeren sind etwas anfälliger für Krankheiten und Schädlinge, vor allem Larven von Sägewespen und Mehltau.

Wenn ich nur eine Sorte pflanzen könnte, würde ich wegen des Aromas und der einfachen Pflege Schwarze Johannisbeeren wählen.

Pflanzung

Den Boden gut vorbereiten, Unkraut entfernen und den Strauch nach der Pflanzung angießen. Gleich nach der Pflanzung mit Gartenkompost mulchen. Stachelbeeren, Rote und Weiße Johannisbeeren so tief pflanzen, wie sie im Kübel standen. Schwarze Johannisbeeren etwas tiefer pflanzen, um die Bildung neuer Triebe aus der Basis anzuregen.
Zur Vermehrung können im Spätwinter Hartholzstecklinge von gesunden Pflanzen geschnitten werden. Von gesunden Trieben einige 20–25 cm lange Stücke schneiden, richtig herum in den Boden stecken und feucht halten. Mit etwas Glück bilden sie Wurzeln.

Pflege

Die Sträucher bei Trockenheit bewässern, vor allem wenn sie Früchte bilden. Jährlich mit Gartenkompost mulchen, damit der Boden fruchtbar bleibt. Im Winter so beschneiden, dass die Sträucher eine offene Kelchform erhalten. Triebe, die sich kreuzen und aneinander reiben, werden entfernt.
Von Schwarzen Johannisbeeren jährlich etwa ein Drittel der alten Triebe dicht über dem Boden abschneiden, um den Neuaustrieb anzuregen. Stachelbeeren, Weiße und Rote Johannisbeeren lassen sich auch als Fächer an Drähten an einer Mauer oder einem Zaun entlang ziehen, was bei Platzmangel vorteilhaft sein kann. Die Fächerform sorgt für gute Luftzirkulation und beugt darum Pilzbefall vor. Schwarze Johannisbeeren können nur als Strauch gehalten werden. Johannisbeeren und Stachelbeeren kommen auch mit schattigeren Standorten gut zurecht.

Unkrautbekämpfung

Niedrige Bodendecker wie Erdbeeren oder Kräuter unterdrücken Unkraut im Wurzelbereich, ohne mit den Beerensträuchern um Wasser und Nährstoffe zu konkurrieren. Alternativ Pappe oder schwarze Mulchfolie auslegen, um Unkraut zu unterdrücken und die Verdunstung von Bodenfeuchtigkeit zu hemmen.

Ernte

Die Kunst besteht darin, den Vögeln zuvorzukommen. Es kann ratsam sein, einzelne Sträucher mit Netzen abzudecken oder um mehrere einen «Obstkäfig» zu bauen. Die Früchte reifen über einen Zeitraum von wenigen Wochen und können meist in zwei bis drei Ernteeinsätzen gepflückt werden. Ich verteile die Beeren in einer Lage auf einem Backblech, friere sie ein und verpacke sie danach in Gefrierboxen. So kann man jederzeit auch kleine Mengen entnehmen und für Desserts, Kuchen oder Saucen verwenden.

Tipps für Kübel

Stachelbeeren, Rote und Weiße Johannisbeeren gedeihen meist gut in großen Pflanzbehältern. Schwarze Johannisbeeren und Jostabeeren müssen unbedingt regelmäßig bewässert und gedüngt werden.

Himbeeren

Meine Lieblingsbeeren wachsen an pflegeleichten Sträuchern, aber die Beeren verderben nach der Ernte sehr schnell – darum sind sie im Geschäft so teuer. Für den Gemeinschaftsgarten eignen sie sich gut, weil sie sofort verzehrt werden können.

- **Lebensdauer:** Zehn oder mehr Jahre
- **Pflanzung/Aussaat:** Wurzelnackte Ruten während der Winterruhe pflanzen
- **Standort:** Durchlässiger, fruchtbarer Boden in Sonne oder Halbschatten

Pflanzung

So pflanzen, dass die oberen Wurzeln 5 cm unter der Erde liegen – nicht tiefer! Die Abstände zwischen den Pflanzen sollten 35–45 cm betragen. Nach der Pflanzung die Ruten auf 15 cm zurückschneiden.

Pflege

Himbeeren sind von Natur aus Waldrandpflanzen, sie «wandern», wenn sich der Wald ausdehnt. Sie bilden unterirdische Ausläufer und wachsen nicht gern in geraden Reihen. Am besten gibt man ihnen einen Platz, an dem sie sich ausbreiten dürfen. Dadurch werden allerdings das Jäten und Ernten etwas schwieriger.

Es kann sinnvoll sein, die Anzahl der neuen Ruten zu beschränken. Die Ertragsmenge nimmt dadurch ab, aber die Früchte sind von besserer Qualität.

Unkrautbekämpfung

Es ist mühsam, Himbeerpflanzen unkrautfrei zu halten. Am besten dick mit organischem Material mulchen oder schwarze Mulchfolie auslegen. Mehrjährige Unkräuter vor der Pflanzung gründlich entfernen. Trotz Mulch gelegentlich von Hand jäten.

Ernte

Himbeeren schmecken am besten direkt vom Strauch. Alternativ in höchstens zwei Lagen (besser nur einer) in kleine Behälter legen. Je weniger die Früchte berührt werden, desto besser. Sie halten sich länger, wenn sie binnen einer halben Stunde nach dem Pflücken kühl gestellt werden.

Tipps für Kübel

Obwohl die Ruten hoch werden, bilden Himbeeren flache Wurzeln. Darum kann man sie in einen ausreichend großen Kübel pflanzen. Regelmäßig bewässern und düngen.

Heidelbeeren

Heidelbeeren eignen sich ausgezeichnet für Kübel. In vielen Gegenden ist dies sogar die einzige Möglichkeit, sie zu halten, denn sie brauchen unbedingt sauren Boden. Im Gemeinschaftsgarten werden Kinder gern beim Pflücken – und Naschen – helfen.

- **Lebensdauer:** Mehrere Jahre
- **Pflanzung/Aussaat:** Werden normalerweise in Kübeln verkauft, Pflanzung ganzjährig
- **Standort:** Durchlässiger, saurer Boden (pH-Wert 5,5 oder geringer), sonnig. Für Kübel Moorbeetsubstrat verwenden

Pflanzung

Vor der Pflanzung in den Boden unbedingt den pH-Wert testen: Er darf höchstens 5,5 betragen. Testsets gibt es im Gartencenter zu kaufen. Sie können auch Bodenproben an ein Labor schicken, um genauere Ergebnisse zu erhalten.

Pflege

Wenn der Boden sauer genug ist, wachsen Heidelbeeren problemlos. Krankheiten und Schädlinge treten selten auf. Nach einigen Jahren müssen sie geschnitten werden, damit sie gut tragen. Im zeitigen Frühjahr zwei oder drei der älteren Triebe über dem Boden abschneiden, um den Neuaustrieb anzuregen. Mit Regenwasser gießen (Leitungswasser enthält meist mehr Kalk) und den Wurzelbereich mit Rindenmulch oder Tannennadeln bedecken. Wenn die Blätter gelb werden, etwas Schwefel streuen, um den pH-Wert zu senken. Heidelbeeren in Kübeln sollten alle zwei bis drei Jahre in frisches Substrat umgepflanzt werden.

Unkrautbekämpfung

Das Jäten ist einfach, beim Hacken ist aber Vorsicht geboten, weil die Pflanzen flach wurzeln. Im Beet kann Unkraut mit Pappe oder schwarzer Mulchfolie unterdrückt werden.

Ernte

Die Beeren sind leicht von Hand zu pflücken. Wenn Sie viele Sträucher haben, kann ein Beerenpflücker die Arbeit erleichtern. Er wird wie ein Kamm durch die Sträucher gezogen. Die Ernte fällt meist reicher aus, wenn zwei oder mehr Sträucher in direkter Nachbarschaft stehen und sich gegenseitig bestäuben können.

Tipps für Kübel

Heidelbeeren gedeihen ausgezeichnet in Kübeln. Die Wurzeln brauchen nicht viel Platz, und die Sträucher bleiben kompakt. Regelmäßig gießen. Schöne Herbstfärbung!

Erdbeeren

Erdbeeren sind so einfach anzubauen, dass sie in keinem Gemeinschaftsgarten fehlen sollten – und wenn es nur wenige Pflanzen zum Naschen in Sommer sind. Voll ausgereift und direkt von der Pflanze schmecken sie einfach unübertrefflich gut.

- **Lebensdauer:** Zwei bis drei Jahre, dann alte Pflanzen durch junge ersetzen
- **Pflanzung/Aussaat:** Jungpflanzen aus dem Handel im Frühjahr oder Sommer pflanzen, eigene Ausläufer im Frühherbst
- **Standort:** Fruchtbarer, feuchter Boden in voller Sonne

Pflanzung

Eigene Jungpflanzen im Frühherbst pflanzen, damit sie im folgenden Sommer tragen. Im Handel gibt es Jungpflanzen, die kalt gelagert wurden und schon ca. 60 Tage nach der Pflanzung Früchte tragen sollen. Sie müssen im Frühling oder Frühsommer gepflanzt werden. Ausläufer können im Spätsommer von den Mutterpflanzen abgetrennt und im folgenden Jahr umgepflanzt werden.
Pflanzen Sie verschiedene Sorten, um möglichst lange ernten zu können, oder wählen Sie dauertragende Sorten. Für den kommerziellen Anbau sind sie nicht attraktiv, weil die Pflanzen mehrmals abgeerntet werden müssen. Im Gemeinschaftsgarten kann das Prinzip «wenig, aber öfter» jedoch gerade von Vorteil sein.

Pflege

Regelmäßig bewässern, aber während der Fruchtbildung möglichst nicht von oben, weil dadurch die Früchte leichter faulen. Gibt man in dieser Phase flüssigen Tomatendünger, fallen Menge und Qualität der Früchte besser aus. Ausläufer regelmäßig entfernen, sofern sie nicht zur Vermehrung verwendet werden sollen. Schneckenfraß kommt häufiger vor. Netze schützen die reifenden Früchte vor hungrigen Vögeln.
Erdbeerpflanzen leben mehrere Jahre, aber nach einiger Zeit werden die Früchte kleiner, also steigt der Arbeitsaufwand für die gleiche Erntemenge. Aus diesem Grund und um Krankheitsbefall vorzubeugen, sollte man die Pflanzen etwa alle drei Jahre durch neue ersetzen.

Unkrautbekämpfung

Weil Erdbeeren sich nicht gut gegen Unkraut durchsetzen können, mulcht man meist mit Stroh oder legt Mulchfolie oder -geflecht aus. Der Mulch hält den Boden feucht und schützt die Früchte. Im Spätwinter oder zeitigen Frühjahr alte Erdbeerblätter entfernen und gleichzeitig gründlich jäten.

Ernte

Wenn die Früchte reifen, häufig pflücken und dabei faulige oder angefressene Erdbeeren entfernen, damit sich keine Krankheiten auf gesunde Früchte ausbreiten.

Tipps für Kübel

Erdbeeren eignen sich hervorragend für Kübel. Weil sie klein und robust sind, kann man sie sogar in Blumentöpfe pflanzen, sofern sie genug Wasser und Dünger bekommen.

Melonen

Melonen sind mit Gurken und Kürbissen verwandt und werden ganz ähnlich kultiviert. Sie stammen aus warmen Ländern und gelten in unseren Breiten als traditionelle Gewächshausfrüchte. Inzwischen gibt es aber Sorten, die auch mit kühlerem Klima zufrieden sind.

- **Lebensdauer:** Frühjahr bis Sommer/Frühherbst
- **Pflanzung/Aussaat:** Erst ins Freiland pflanzen, wenn keine Frostgefahr mehr besteht
- **Standort:** Fruchtbarer, durchlässiger Boden in voller Sonne

Pflanzung

Melonen mögen keinen kalten Boden. Nicht auspflanzen, solange die Bodentemperatur unter 21° C liegt. Mit schwarzer Folie kann die Erwärmung im Frühjahr beschleunigt werden. In kalten Gegenden Jungpflanzen in größere Töpfe pflanzen und ins Gewächshaus stellen, bis kein Frost mehr droht.

Pflege

Melonen können an Spalieren oder Drähten gezogen werden. Dadurch wird die Luftzirkulation verbessert und die Früchte bekommen mehr Sonne, reifen also besser. Die empfindlichen Triebe vorsichtig anbinden. Melonen brauchen nach der Pflanzung und während der Fruchtbildung viel Wasser.

Unkrautbekämpfung

Wie Kürbisse in der Anfangszeit unkrautfrei halten. Später können sich die Pflanzen meist durchsetzen. Schwarze Mulchfolie erspart Ihnen das Jäten ganz und hemmt die Austrocknung des Bodens.

Ernte

Viele Tiere fressen gern süße Melonen. An Spalieren und Drähten können kleine Tiere sie nicht erreichen. Vor größeren können die Früchte mit Obstkisten geschützt werden.

Tipps für Kübel

Melonen gedeihen gut in Kübeln, wenn sie genug Wärme und Feuchtigkeit bekommen. Um die Saison zu verlängern, zuerst ins Gewächshaus und später ins Freie stellen.

Brombeeren und Verwandte

In diese Gruppe gehören auch Taybeeren und Loganbeeren. Alle nehmen recht viel Platz ein, lassen sich aber bändigen, wenn man sie an Drähten an einer Wand zieht.

- **Lebensdauer:** Viele Jahre
- **Pflanzung/Aussaat:** Wurzelnackte Ruten während der Winterruhe pflanzen
- **Standort:** Durchlässiger, fruchtbarer Boden in Sonne oder Halbschatten

Pflanzung

Vor der Pflanzung den Boden umgraben, Unkraut gründlich entfernen und Drähte oder Stützen anbringen. Für jede Rute ein großes Loch ausheben, nach der Pflanzung gut angießen und mit reichlich Gartenkompost mulchen. Die Abstände zwischen den Pflanzen sollten bei 2,5–3,5 m liegen – für starkwüchsige Sorten mehr, für schwachwüchsige weniger.

Pflege

Die Früchte werden an den vorjährigen Trieben gebildet. Jedes Jahr die alten Triebe, die Früchte getragen haben, abschneiden und die jungen Triebe anbinden. Sie wachsen schnell und können bis zu 3 m lang werden, darum brauchen sie viel Platz oder müssen zurückgeschnitten werden. Die Stacheln traditioneller Brombeeren sind unangenehm, es gibt aber inzwischen stachellose Sorten, die große und saftige Beeren tragen.

Unkrautbekämpfung

Die starkwüchsigen Pflanzen können sich gegen Unkraut behaupten, trotzdem sollten Sie große Unkräuter entfernen. Die Fläche unter den Ruten kann für niedrige Bodendecker oder Gründünger genutzt werden.

Ernte

Sorten mit roten Früchten unbedingt mit Netzen vor Vögeln schützen. Schwarze Früchte sind weniger gefährdet. Die Beeren pflücken, sobald sie reif sind. Wie Himbeeren faulen sie leicht. Sofort verzehren, kühl stellen oder einfrieren.

Tipps für Kübel

Wegen des großen Wurzelwerks gedeihen sie nur in sehr großen Behältern. Einige stachellose Sorten sind weniger starkwüchsig.

Kapstachelbeeren

Vielleicht kennen Sie die gelben, kirschgroßen Früchte unter ihrem botanischen Namen *Physalis*. Sie schmecken gut, eignen sich hervorragend zum Garnieren und bringen ihre schützende Umhüllung selbst mit – sehr praktisch, um sie für den Verkauf in Schachteln zu verpacken.

- **Lebensdauer:** Viele Jahre
- **Pflanzung/Aussaat:** Im Spätwinter oder Frühling im Haus bei 18° C und hoher Luftfeuchtigkeit vorziehen
- **Standort:** Durchlässiger, gern nährstoffarmer Boden in sonniger Lage; vor Frost schützen

Pflanzung

Die Jungpflanzen erst ins Freiland setzen, wenn keine Frostgefahr mehr besteht. Auf nährstoffreichem Boden bilden die Pflanzen viel Laub, aber wenige Früchte.

Pflege

Kapstachelbeeren sind ideal für Einsteiger. Sie tolerieren ungünstige Bedingungen und ein gewisses Maß an Vernachlässigung. Wenn sie nur genügend Wasser bekommen, bringen sie auch an unvorteilhaften Standorten gute Erträge. Die Pflanzen werden bis 1,8 m hoch. Eine stabile Mittelstütze oder mehrere Stützen mit quer gespannten Schnüren verhindern, dass Triebe abbrechen.

Unkrautbekämpfung

Kapstachelbeeren sind wüchsig und setzen sich gegen die meisten Unkräuter durch. Meist genügt es, um junge Pflanzen herum einmal von Hand zu jäten oder zu hacken.

Ernte

Je nach Klima liegt die Erntezeit zwischen Frühsommer und Frühherbst. Die Früchte ernten, wenn sie zu fallen beginnen, selbst wenn sie dann noch nicht ganz reif sind. Es erfordert etwas Erfahrung, den idealen Erntezeitpunkt zu finden, aber probieren Sie es ruhig aus: Die papierartige Hülle ablösen, um die Farbe der Frucht zu begutachten.

Tipps für Kübel

Die Pflanzen gedeihen gut in Kübeln, und da sie keinen hohen Nährstoffbedarf haben, kann man sie auch in ein Behältnis pflanzen, in dem sich noch Substrat vom der vorigen Saison befindet.

Äpfel

Apfelbäume sind aus Gärten in gemäßigten Regionen nicht wegzudenken. Das mag daran liegen, dass sie pflegeleicht sind und zuverlässig tragen. Ein weiterer Grund ist sicherlich die große Sortenvielfalt. Für Kübel und kleine Gärten sind zwergwüchsige Bäume erhältlich.

- **Lebensdauer:** Viele Jahre
- **Pflanzung/Aussaat:** Wurzelnackte Bäume im Spätherbst oder Winter pflanzen
- **Standort:** Nährstoffreicher, durchlässiger Boden

Pflanzung

Vor der Pflanzung den Boden umgraben, Unkraut entfernen und ein Pflanzloch ausheben, das etwas größer ist als der Wurzelballen. Den Baum so pflanzen, dass die verdickte Veredelungsstelle, d. h. die Stelle, wo die Unterlage und das Edelreis zusammengewachsen sind, knapp über dem Erdniveau liegt. Mit Erde auffüllen und gut angießen, um die Wurzeln einzuschlämmen. Zuletzt Gartenkompost als Mulch um den Stamm verteilen.

Pflege

Im ersten Jahr nach der Pflanzung regelmäßig bewässern, auch bei kühlem Wetter. Später müssen nur zwergwüchsige Sorten in Kübeln bewässert werden. Nach einigen Jahren im Winter die Krone beschneiden. Die Kronenform ist für Ertrag und Gesundheit des Baums wichtig. Zweige, die sich kreuzen oder aneinander reiben, abschneiden. Die übrigen um die Hälfte oder um ein Drittel kürzen, um den Fruchtansatz anzuregen.

Ernte

Der Erntetermin hängt von der Sorte ab. Er kann von Region zu Region und von Jahr zu Jahr variieren. Prüfen Sie, ob sich die Äpfel mit der Hand leicht lösen lassen, oder ernten Sie den Baum ab, wenn die Früchte zu fallen beginnen. Notieren Sie den Termin für die folgenden Jahre.

Tipps für Kübel

Für Kübel eignen sich nur zwergwüchsige Bäume, die ein kleines Wurzelwerk bilden. Jährlich düngen, wenn sich die ersten Blätter zeigen. Das Substrat leicht feucht (nicht nass!) halten.

Birnen

In Bezug auf Pflanzung und Pflege haben Birnen ähnliche Ansprüche wie Äpfel; es gibt aber durchaus auch einige Unterschiede: Birnen tolerieren schwerere Böden, sind aber gegen Frost und Wind empfindlicher; und bis zur ersten Ernte dauert es länger als bei den Apfelbäumen.

- **Lebensdauer:** Viele Jahre
- **Pflanzung/Aussaat:** Wurzelnackte Bäume im Spätherbst oder Winter pflanzen
- **Standort:** Nährstoffreicher, durchlässiger Boden, jedoch nicht zu sandig oder kalkhaltig

Pflanzung

Birnbäume werden wie Apfelbäume gepflanzt, sind aber windempfindlicher. Je nach Grundstücksbedingungen kann es ratsam sein, vor der Pflanzung einen Windschutz zu errichten. Selbst wenn in der Umgebung viele Gärten liegen, sollten Sie mindestens zwei Bäume pflanzen, um die Bestäubung und den Fruchtansatz zu sichern. Lassen Sie sich in einer guten Gärtnerei über geeignete Bestäubersorten beraten.

Pflege

Wie alle neu gepflanzten Bäume im ersten Standjahr regelmäßig bewässern, auch bei kühler Witterung. Dadurch breiten sich die Wurzeln aus, und der Baum kann sich künftig selbst versorgen – es sei denn, er steht in einem Kübel. Kranke, abgestorbene und aneinander reibende Zweige sollten jährlich im Winter herausgeschnitten werden.

Ernte

Eine Frucht in die Hand nehmen, leicht anheben und dabei drehen. Wenn sie sich leicht vom Baum löst, ist sie pflückreif. Viele Sorten müssen danach bis zur Essreife einige Tage liegen. Späte Sorten können unreif geerntet und eingelagert werden, allerdings ist die Lagerungsdauer kürzer als bei Äpfeln. Holen Sie bei Bedarf einige Früchte ins warme Zimmer, damit sie nachreifen.

Tipps für Kübel

Zwergwüchsige Birnbäume können in Kübel gepflanzt werden, dürfen aber nicht austrocknen. Vor allem während der Blüte und Fruchtbildung regelmäßig gießen. Jährlich düngen, wenn die ersten Blätter erscheinen.

Pflaumen

Pflaumenbäume blühen relativ früh, darum kann ein später Frosteinbruch die Fruchtbildung verhindern, sodass die Ernte ausfällt. Die Bäume sollten an einen warmen, geschützten Platz gepflanzt werden. Ansonsten sind sie recht anspruchslos.

- **Lebensdauer:** Viele Jahre
- **Pflanzung/Aussaat:** Wurzelnackte Bäume im Spätherbst oder Winter pflanzen
- **Standort:** Fruchtbarer, durchlässiger Boden – keine Staunässe

Pflanzung

Die meisten Pflaumenarten sind Selbstbestäuber. Fragen Sie vor dem Kauf trotzdem nach, ob ein Bestäubungspartner nötig ist. In diesem Fall pflanzen Sie zwei Bäume im Abstand von 3–5 Metern.

Pflege

Im ersten Jahr nach der Pflanzung regelmäßig bewässern. Danach sind Wassergaben nur in Trockenperioden und während der Fruchtreifung nötig. Frühzeitig mit der Formung der Krone beginnen. Pflaumenbäume können gut als Fächer an einer Süd- oder Südwestmauer gezogen werden. Sie profitieren von der Wärme und dem Windschutz, und man kann sie leicht abdecken – mit Vlies bei Frostgefahr, mit Netzen zum Schutz der Früchte vor Vögeln. Weil die Bäume anfällig für bakterielle Infektionen sind, werden sie im Sommer geschnitten, wenn die Wunden schneller heilen.

Unkrautbekämpfung

Der Baum entwickelt sich erheblich besser, wenn der Wurzelbereich in den ersten Jahren unkrautfrei gehalten wird.

Ernte

Wie Beeren müssen Pflaumen nach der Ernte sofort verzehrt oder verwertet werden. Man kann sie etwas unreif pflücken und im Haus nachreifen lassen, aber vollreif geerntete Früchte schmecken viel besser.

Tipps für Kübel

Kleinwüchsige Bäume sind zwar erhältlich, aber sie tun sich in Kübeln schwerer als Äpfel und Birnen. Vorzugsweise in den Boden pflanzen.

Kirschen

Wenn Sie keine Sauerkirschen pflanzen wollen, die sich für den Rohverzehr nur bedingt eignen, müssen Sie die reifenden Früchte mit Netzen vor gefräßigen Vögeln schützen. Das gelingt einfacher, wenn sie kompakte, selbstbestäubende Sorten wählen.

- **Lebensdauer:** Viele Jahre
- **Pflanzung/Aussaat:** Wurzelnackte Bäume im Spätherbst oder Winter pflanzen
- **Standort:** Tiefgründiger, durchlässiger, fruchtbarer Boden

Pflanzung

Es empfiehlt sich, mindestens zwei Bäume zu pflanzen, weil auch Selbstbestäuber besser tragen, wenn ein anderer Baum in der Nähe steht. Sauerkirschen tolerieren etwas Schatten und können sogar an einer halbschattigen Wand gezogen werden. Süßkirschen brauchen zur Zuckerentwicklung volle Sonne. Zwergwüchsige Bäume müssen oft ihr ganzes Leben lang gestützt werden, weil die Veredelungsunterlage kein starkes Wurzelwerk bildet. Sie sind außerdem anfälliger für Schäden durch Wind und Trockenheit.

Pflege

Im ersten Jahr nach der Pflanzung regelmäßig bewässern. Danach nur im Frühling und Sommer bei Trockenheit bewässern, denn zur Fruchtentwicklung ist Feuchtigkeit nötig. Mit einem eingegrabenen Tropfschlauch lässt sich diese Arbeit erleichtern. Kirschbäume, die als Fächer an einer Wand oder an Spanndrähten gezogen sind, lassen sich leichter mit Vlies oder Netzen abdecken, um sie vor Frost und Vogelfraß zu schützen. Nur im Sommer schneiden, um bakteriellen Infektionen vorzubeugen.

Unkrautbekämpfung

Die Bäume entwickeln sich besser, wenn man den Wurzelbereich in den ersten Jahren unkrautfrei hält.

Ernte

Die Erntezeit ist kurz, und reife Kirschen sollten möglichst täglich gepflückt werden. Erntet man bei trockenem Wetter, halten sie sich länger. Versuchen Sie, beim Pflücken nur die Stiele zu berühren, um die Früchte nicht zu beschädigen. Die Kirschen in flache Behälter legen. Süßkirschen halten sich etwa eine Woche, wenn man sie sofort nach der Ernte kühlt. Sauerkirschen sollten unverzüglich eingefroren oder gekocht werden.

Tipps für Kübel

Wenn Ihr Boden sandig ist oder eine dünne Mutterbodenschicht hat, pflanzen Sie einen kleinwüchsigen Kirschbaum in einen großen Kübel. Während der Blüte und Fruchtbildung regelmäßig gießen. Mindestens einmal im Jahr eine dicke Schicht Gartenkompost auflegen, um den Nährstoffgehalt des Substrats zu erhöhen.

Trauben

Weinstöcke sind frostverträglich und brauchen im Winter mindestens einen Monat lang Temperaturen unter 4° C. Die Früchte benötigen zur Reifung aber viel Sonne und Wärme. Gute Ernten sind in kühlen Lagen nur im Gewächshaus zu erwarten. Der wunderbare Geschmack lohnt aber die Mühe.

- **Lebensdauer:** Viele Jahre
- **Pflanzung/Aussaat:** Wurzelnackte Weinstöcke im Spätherbst oder Winter pflanzen
- **Standort:** Durchlässiger Boden in voller Sonne

Pflanzung

Weinpflanzen benötigen eine Kletterhilfe. Sie gedeihen auf durchlässigem Boden, der aber nicht sehr fruchtbar sein muss. Ihre Wurzeln dringen in die Tiefe, um sich mit Nährstoffen zu versorgen. Ein gewisses Maß an Vernachlässigung kann sogar bewirken, dass die Trauben ein besonders gutes Aroma entwickeln. Manche Gärtner bewässern und düngen die Pflanzen aber, um die Erträge zu erhöhen.

Pflege

Nach der Pflanzung und im ersten Jahr bewässern. Danach dick mit Kompost mulchen, der aber die Weinstöcke selbst nicht berühren darf. Die Reben jedes Jahr beschneiden, um die Luftzirkulation zu verbessern und damit die reifenden Früchte genügend Sonne bekommen. Der Rückschnitt wird während der Winterruhe vorgenommen. Schneidet man zu spät, tritt aus den Wunden Saft aus, was die Pflanze viel Kraft kostet. Meist werden die Reben radikal bis auf wenige Haupttriebe (manchmal nur einen) zurückgeschnitten, es gibt aber verschiedene Schnittmethoden. Im Frühsommer die Seitentriebe auf fünf Blätter zurückschneiden, sodass an jedem Seitentrieb nur eine Traube reift.

Unkrautbekämpfung

Da Weinpflanzen klettern, stellt Unkraut kein großes Problem dar. Andererseits kann Unkraut die Luftzirkulation um den Haupttrieb beeinträchtigen und in feuchterem Klima das Krankheitsrisiko erhöhen. Aus diesem Grund ist es sinnvoll, den Boden unkrautfrei zu halten.

Ernte

Am besten probieren Sie eine Weinbeere, um zu prüfen, ob sie reif ist. Dann die ganze Traube mit einer Rosenschere abschneiden.

Tipps für Kübel

Weinstöcke gedeihen in Kübeln, brauchen aber Platz für ihr großes Wurzelwerk. Regelmäßig bewässern.

Feigen

Feigenbäume können sehr groß werden und vertragen Frost bis –10° C. Ein Versuch lohnt sich, obwohl sie nicht immer zuverlässig tragen: Mal bilden sie viele Blätter und nur wenige Früchte, mal reifen die Feigen nicht, weil der Sommer zu kurz ist.

- **Lebensdauer:** Viele Jahre
- **Pflanzung/Aussaat:** Am besten im Frühling
- **Standort:** Die meisten durchlässigen Böden

Pflanzung

Feigenbäume werden normalerweise als Containerware verkauft. Ein großes Pflanzloch ausheben, den Wurzelballen behutsam auflockern und Wurzeln, die spiralförmig im Container gewachsen sind, lösen oder abschneiden. Einpflanzen, Erde auffüllen und sorgfältig einschlämmen. Im ersten Jahr regelmäßig bewässern, auch bei kühlem Wetter.

In tiefgründigem, fruchtbarem Boden kann das Pflanzloch mit Beton ausgekleidet werden, um das Wurzelwachstum und die Größe des Baums einzudämmen. Darauf kann verzichtet werden, wenn der Boden nährstoffarm ist oder der Baum groß werden darf.

Pflege

Feigenbäume stammen aus dem Mittelmeerraum und brauchen nicht viel Wasser. Steht der Baum in einem betonierten Pflanzloch oder einem Kübel, kann im Sommer gelegentlich gegossen werden, um den potenziellen Ertrag zu erhöhen. Regelmäßig kleine Mengen Wasser geben. Bei zu reichlichem Gießen können die Früchte platzen.

Unkrautbekämpfung

Junge und neu gepflanzte Bäume unkrautfrei halten. Sie sind wüchsig und können sich bald gegen die meisten Unkräuter durchsetzen.

Ernte

Ob Feigen reif sind, ist leicht zu erkennen. Sie fühlen sich weich an, manche werden bräunlich, und aus der Blüte kann klebriger Saft austreten. Hängen Sie Netze auf, damit die Vögel die Früchte nicht anpicken.

Tipps für Kübel

Ein Kübel dämmt das Wurzelwachstum ein und sorgt dafür, dass der Baum kompakt bleibt. Feigenbäume in Kübeln tragen oft besser. Sie müssen aber vor allem während der Fruchtbildung sorgfältig bewässert werden.

Koriander

Dieses aromatische Würzkraut kennt man vor allem aus der Küche Nordafrikas und des Nahen Ostens. Koriander keimt leicht, wächst schnell, und auch seine Samen sind essbar. Was will man mehr?

- **Lebensdauer:** Frühling bis Sommer, Sommer bis Herbst
- **Pflanzung/Aussaat:** Vom Frühjahr als Direktsaat an Ort und Stelle
- **Standort:** Gedeiht auf fast allen Böden

Pflanzung

Koriander keimt schon bei 13° C. Er kann in den meisten Regionen vom Frühjahr an ins Freiland gesät werden – unter Vlies sogar noch früher. Die großen Samen sind einfach zu handhaben. Sinnvoll ist es, regelmäßig kleinere Mengen zu säen, um den ganzen Sommer lang frische Blätter ernten zu können. Pflanzen, die Blüten bilden, können stehen bleiben, damit man die Samen ernten kann.

Pflege

Der einzige Nachteil ist, dass Koriander bei Trockenheit und Hitze sowie bei stärkeren Temperaturschwankungen sehr schnell Blüten und Samen bildet. Es muss also regelmäßig bewässert werden. Bei der Aussaat im Frühling sind die Erfolgsaussichten am besten.

Unkrautbekämpfung

Koriander keimt schnell und setzt sich gegen Unkraut durch. Dennoch sollte gejätet werden, sonst besteht Gefahr, zusammen mit den Kräuterblättern Unkraut zu «ernten».

Ernte

Die Blätter einfach abschneiden. Beim ersten Schnitt 5 cm vom Haupttrieb stehen lassen, um die Wachstumskrone nicht zu beschädigen. Der zweite Schnitt kann etwas tiefer angesetzt werden. Die Samen kann man grün essen (z. B. in Nudelgerichten, Brot und Eintöpfen) oder ausreifen lassen, bis sie braun werden. Bei der Samenernte sind freiwillige Helfer willkommen.

Tipps für Kübel

Koriander gedeiht auch in kleinen Pflanzgefäßen, vorzugsweise an einem kühlen Platz mit relativ gleichbleibender Temperatur. Er kann mit anderen Kräutern kombiniert werden. Das Substrat stets feucht halten.

Petersilie

Petersilie, ob glatt oder kraus, gehört zu den beliebtesten Küchenkräutern und ist recht einfach zu ziehen. Es heißt zwar, dass die Keimung etwas schwierig ist, aber meiner Erfahrung nach keimen selbst geerntete Samen gut, wenn man sie frisch aussät.

- **Lebensdauer:** Frühling bis Sommer/Herbst; Blüte und Samenbildung im zweiten Jahr
- **Pflanzung/Aussaat:** Im Spätfrühling oder Spätsommer in Module oder direkt ins Beet säen
- **Standort:** Fruchtbarer, durchlässiger Boden

Pflanzung/Aussaat

Wichtig ist es, frische Saat von guter Qualität zu verwenden und nur dünn mit Erde zu bedecken. Die Keimung erfolgt bei 16–18° C innerhalb von 60 Tagen. Am besten lässt man Pflanzen, die sich selbst ausgesät haben, einfach stehen. Anders als bei Koriander, mit dem Petersilie verwandt ist, lässt sie sich gut im Haus oder Gewächshaus vorziehen und später auspflanzen. Im Spätsommer gesäte Pflanzen überwintern problemlos, die jungen Blätter können im zeitigen Frühjahr geerntet werden.

Pflege

Glatte Petersilie ist etwas kälteempfindlicher, krause Sorten vertragen auch einige Minusgrade. In harten Wintern sollte man überwinternde Pflanzen aber mit Vlies abdecken. Ideal ist ein Sonnenplatz, die Pflanzen vertragen aber auch Halbschatten. Damit man länger ernten kann lohnt es sich, die Blütenstände abzuschneiden sobald sie sich bilden.

Ernte

Glatte Sorten ebenso wie Koriander bis auf 5 cm zurückschneiden – sie treiben wieder aus. Von Krauser Petersilie die äußeren Blätter nach Bedarf pflücken und die inneren stehen lassen.

Tipps für Kübel

Für Kübel eignen sich vor allem glatte Sorten, weil sie schneller wachsen als krause und Trockenheit besser vertragen. Das Substrat ständig leicht feucht halten.

Unkrautbekämpfung

Petersilie keimt und wächst anfangs langsam, darum empfiehlt es sich, regelmäßig zu jäten und die jungen Sämlinge zu beobachten.

Rosmarin

Rosmarin stammt aus dem Mittelmeerraum, gedeiht aber auch in kühlerem Klima, weil er Temperaturen bis –6,5° C verträgt. Die Sträucher blühen oft schon im Spätwinter und locken nützliche Bestäuber in den Gemeinschaftsgarten.

- **Lebensdauer:** Viele Jahre
- **Pflanzung/Aussaat:** Jungpflanzen im mittleren bis späten Frühjahr oder Frühherbst auspflanzen
- **Standort:** Durchlässiger Boden, volle Sonne

Pflanzung

Junge Pflanzen in den ersten Jahren regelmäßig gießen und höhere Sorten vor Wind schützen.

Pflege

Auch wenn nicht geerntet wird, sollten die Pflanzen regelmäßig geschnitten werden, damit sie kompakt bleiben. Wichtig ist, nicht ins ältere Holz zu schneiden – die Sträucher treiben dann meist nicht mehr aus. Hohe Sorten können über 90 cm groß werden und brauchen eventuell Stützen.

Unkrautbekämpfung

Den Boden um jüngere Pflanzen unkrautfrei halten. Um ältere Pflanzen sammelt sich im Herbst oft eine Schicht Laub. Es gibt einen Stoff ab, der die Keimung von Samen hemmt, und sorgt so dafür, dass sich wenig Unkraut ausbreitet.

Ernte

Zu jeder Jahreszeit können bei Bedarf die 10–15 cm lange Triebspitzen geschnitten werden. Tun Sie das regelmäßig, denn dadurch wird die Pflanze angeregt, im unteren Bereich neu auszutreiben.

Tipps für Kübel

Rosmarin wächst gut in Kübeln. Besonders empfehlenswert sind die kriechenden Sorten, die hübsch über den Kübelrand hängen. In sehr kalten Wintern können die Kübel leicht an einen geschützten Platz geschoben werden.

Thymian

Es gibt viele Thymianarten mit unterschiedlichen Duftnuancen und Wuchsformen, die meisten haben aber einen niedrigen, kriechenden Habitus und breiten sich gern auf durchlässigem Boden in sonniger Lage aus – auch in Pflasterfugen. Während der Blüte sehen sie dekorativ aus.

- **Lebensdauer:** Mehrere Jahre
- **Pflanzung/Aussaat:** Im Frühling oder Frühherbst aussäen oder pflanzen
- **Standort:** Leichter, durchlässiger Boden in sonniger Lage

Pflanzung

Thymian ist frostverträglich und nahezu unverwüstlich, nur Staunässe und beengte Wurzeln verträgt er nicht. Pflanzen in Töpfen können etwas dürr wachsen. In diesem Fall ausgraben, 2,5 cm tiefer einpflanzen und die Wachstumskrone mit Erde bedecken, damit sie neu austreiben und kompakter werden.

Pflege

Am besten häufig kleine Mengen von Zweigen schneiden, um den Neuaustrieb anzuregen. Empfehlenswert ist es, vier Pflanzen im Rotationsprinzip zu schneiden, sodass immer genügend frisches Grün geerntet werden kann. Ab Hoch- oder Spätsommer nicht mehr schneiden, damit auch über den Winter frische Blätter zur Verfügung stehen.

Unkrautbekämpfung

Thymian breitet sich mit der Zeit flächig aus und verdrängt Unkraut. In der Anfangszeit sollte aber von Hand gejätet werden. Ein duftendes Thymianpolster kann zum Unterdrücken von Unkraut auch unter höheren Pflanzen oder an Wegrändern nützlich sein. Falls er sich zu bereitwillig ausbreitet, schneiden Sie die Blüten ab, bevor sich Samen bilden.

Ernte

Wenn Sie Thymian hacken wollen, ernten Sie junge, weiche Triebspitzen ohne Blüten. Für ein Bouquet garni können auch längere, eventuell verholzte Sprosse verwendet werden.

Tipps für Kübel

Alle Thymianarten fühlen sich in Kübeln wohl und können auch mit anderen Kräutern kombiniert werden. Mit kriechenden Formen, die über den Rand hängen, lässt sich der Platz am besten nutzen.

Salbei

Salbei kann ungeschnitten etwa 60 cm hoch werden. Sie brauchen also nur wenige Pflanzen, um den Bedarf zu decken. In mildem Klima wirft Salbei auch im Winter das Laub nicht ab. Die Blätter sind reich an Antioxidantien und können in der Küche vielfältig verwendet werden.

- **Lebensdauer:** Viele Jahre; an feucht-heißen Standorten kurzlebiger
- **Pflanzung/Aussaat:** Im Frühling oder Frühherbst säen oder pflanzen
- **Standort:** Durchlässiger Boden in sonniger Lage

Pflanzung

Junge Pflanzen wachsen zuverlässiger an, wenn sich der Boden erwärmt hat. Salbei lässt sich leicht aus Samen ziehen. Es lohnt sich, im Sommer einige der hübschen blauen Blüten stehen zu lassen, damit sie Samen bilden. Salbei nicht unter Bäume oder Dachüberstände pflanzen, da die Pflanzen Tropfwasser schlecht vertragen.

Pflege

Wie die meisten verholzenden Kräuter sollte Salbei häufiger, aber zurückhaltend geschnitten werden, damit die Pflanzen kompakt bleiben. So bilden sie mehr frische Blätter, zudem sind die Pflanzen so weniger anfällig für Schäden durch Wind und Schnee. Fallen beim Schnitt mehr Blätter an, als verwertet werden, können sie getrocknet werden. Manche Gärtner ersetzen ihre Salbeipflanzen alle vier bis fünf Jahre, damit sie kompakt bleiben und laufend neu austreiben.

Unkrautbekämpfung

Salbei wächst kräftig, darum braucht Unkraut nur gejätet zu werden, bis sie gut angewachsen ist. Wichtig ist aber, vor der Pflanzung ausdauernde und kriechende Unkräuter gründlich zu entfernen.

Ernte

Für die Küche einzelne Blätter oder Triebspitzen schneiden. Man kann die Blätter auch roh kauen oder Tee daraus zubereiten. Schneiden Sie ruhig auch längere Triebe (10 cm oder mehr) für die Vase. Es bekommt den Pflanzen gut, wenn sie gelegentlich radikal (bis ins Holz) zurückgeschnitten werden: Sie treiben dann von unten wieder aus.

Tipps für Kübel

Salbei gedeiht gut in Kübeln, muss aber häufig geschnitten werden, damit die Pflanzen kompakt dicht belaubt bleiben. Panaschierte Sorten sehen dekorativ aus und sind relativ schwachwüchsig.

Oregano

Oregano ist eines der unkompliziertesten Küchenkräuter. Er verträgt Frost, wächst kräftig und breitet sich gut aus. Man kann ihn frisch essen oder trocknen. Im Sommer tragen die Pflanzen hübsche Blüten, die Nützlinge in den Garten locken.

- **Lebensdauer:** Viele Jahre, zieht im Winter die oberirdischen Teile ein
- **Pflanzung/Aussaat:** Jungpflanzen im Frühling oder Frühherbst pflanzen
- **Standort:** Durchlässiger, vorzugsweise nährstoffreicher Boden in sonniger Lage

Pflanzung/Aussaat

Oreganosamen sind winzig. Wer Pflanzen aus Samen ziehen will, streut sie einfach auf feines Substrat. Mit etwas Sand gemischt lassen sie sich gleichmäßiger verteilen. Nur anfeuchten, nicht mit Erde bedecken.
Einfacher ist es, eine Jungpflanze zu kaufen oder zur Vermehrung von älteren Pflanzen Teilstücke abzustechen.

Pflege

Regelmäßig schneiden, damit die Pflanzen kompakt bleiben und sich nicht zu stark ausbreiten. Abgestorbene Triebe und verwelkte Blüten entfernen. In mildem Klima wirft Oregano im Winter die Blätter nicht ab. In kühleren Regionen muss man ihn an einen frostfreien Platz stellen, um auch im Winter ernten zu können.

Unkrautbekämpfung

Weil Oregano sich schnell ausbreitet, kann er als Bodendecker unter Bäume oder größere Sträucher gepflanzt werden, wo er Unkraut weitgehend verdrängt.

Ernte

Die Blätter können im Frühling und Sommer geerntet werden, schmecken aber vor der Blüte am besten. Darum empfiehlt es sich, sie im Hochsommer zu schneiden und zu trocknen. Zum Frischverzehr weiche, etwa 2,5 cm lange Triebspitzen schneiden. Zum Trocknen die Stiele dicht über den alten Trieben abschneiden.

Tipps für Kübel

Oregano fühlt sich in Kübeln wohl und hängt dekorativ über den Rand herab. Da er aber dichte Matten bildet, ist es schwierig, frisches Substrat aufzulegen. Darum sollten die Pflanzen alle paar Jahre ausgegraben, geteilt und neu eingepflanzt werden. Wer vermeiden möchte, dass sich Oregano zwischen anderen Pflanzen ausbreitet, sollte ihn generell in Kübel pflanzen.

Estragon

Estragon verträgt keinen Frost, wächst zögerlich und lässt sich nicht aus Samen ziehen. Er schmeckt aber so köstlich, dass er trotzdem einen Platz im Gemeinschaftsgarten verdient hat. Vielleicht lässt sich durch den Verkauf an eine Restaurantküche sogar etwas Geld einnehmen.

- **Lebensdauer:** Ein Jahr, bei erfolgreicher Überwinterung auch mehr
- **Pflanzung/Aussaat:** Während der Ruhezeit im Spätherbst oder Frühjahr pflanzen
- **Standort:** Fruchtbarer, durchlässiger, sandiger Boden in Sonne oder Halbschatten

Pflanzung

Die Samen des französischen Estragons sind steril, darum muss man Jungpflanzen kaufen oder im Sommer Stecklinge bewurzeln. Ältere Pflanzen können im zeitigen Frühjahr geteilt werden. An einen geschützten Platz setzen und vor der Pflanzung mehrjähriges Unkraut sorgfältig entfernen.

Pflege

Estragon wächst langsam. Wenn mehrere Gruppenmitglieder ernten oder das Kraut verkauft werden soll, sind mehrere Pflanzen erforderlich. Anders als andere Kräuter breitet er sich aber nicht unkontrolliert aus und kann darum gut zwischen Gemüse gepflanzt werden. Leichten Frost überleben die Pflanzen meist. In Gegenden mit kalten Wintern müssen sie aber frostfrei überwintert oder mit einer dicken Mulchschicht geschützt werden.

Unkrautbekämpfung

Der Boden um die Pflanze mit dem aufrechten Wuchs und den zarten Blättern muss regelmäßig von Unkraut befreit werden.

Ernte

Immer nur eine kleine Menge nach Bedarf ernten, weil die Pflanzen nur langsam nachwachsen. Bei jeder Ernte höchstens ein Drittel der Triebe abschneiden. Wegen des intensiven Aromas kann das Würzkraut sparsam dosiert werden.

Tipps für Kübel

Estragon fühlt sich in Kübeln wohl. Der Vorteil besteht darin, dass man die Gefäße im Herbst leicht an einen frostgeschützten Platz stellen kann.

Minze

Viele Gärtner verzichten lieber auf Minze, weil sie zum Wuchern neigt. Das starke Wurzelwachstum lässt sich mit vorausschauender Planung aber eindämmen. Das Kraut ist eine Bereicherung für den Gemeinschaftsgarten und eignet sich gut zur Zubereitung von erfrischendem Tee.

- **Lebensdauer:** Viele Jahre, oberirdische Teile sterben im Winter ab
- **Pflanzung/Aussaat:** Im Frühling aussäen; gekaufte Jungpflanzen können jederzeit gepflanzt werden
- **Standort:** Feuchter Boden in Sonne oder Halbschatten

Pflanzung/Aussaat

Minze ist so robust und wuchsfreudig, dass man sie fast zu jeder Jahreszeit pflanzen kann. Sie braucht nur genug Wasser, um zu überleben. Die Samen keimen leicht, sind aber winzig. Sie werden einfach auf die Substratoberfläche gestreut und angefeuchtet; sie sollten nicht mit Erde bedeckt werden. Weil Minze zum Wuchern neigt, setzt man sie am besten auf ein separates Beet oder senkt einen großen Kübel in den Boden ein. Vielleicht möchten Sie mehrere Kübel eingraben, denn es gibt viele Minzearten mit ganz verschiedenen Aromen – von Schokolade über Ananas bis Spearmint.

Pflege

Minze ist nahezu unverwüstlich, manchmal sterben aber Teile in der Mitte eines Horstes ab. Diese Teile einfach ausgraben und Stecklinge vom äußeren, jüngeren Bereich des Wurzelwerks einpflanzen.

Unkrautbekämpfung

Minze wächst wie Unkraut und sollte nicht an einen Platz gesetzt werden, an dem sie andere Pflanzen bedrängen kann. Reichlich Abstand zu anderen Nutzpflanzen halten oder in Kübeln ziehen.

Ernte

Vom Frühjahr an regelmäßig junge Triebspitzen ernten. Zum Trocknen werden die Blätter im Frühsommer geschnitten, bevor die Pflanze blüht. Sie könnten versuchen, junge Triebspitzen als Dekoration für Desserts an Restaurantküchen zu verkaufen.

Tipps für Kübel

Die beste Lösung, um die starke Ausbreitung einzudämmen, ist die Kultur in Kübeln. Wählen Sie eine schwachwüchsige Sorte. Alle zwei bis drei Jahre sollten die Pflanzen geteilt und in frisches Substrat gesetzt werden. Regelmäßig bewässern: Minze verträgt Trockenheit schlecht.

REGISTER

DANK

Der Herausgeber dankt Martin Sondermann bei Pagalino, Pastor Cameron Healey bei Sunnyfields, Phil Forsyth beim Philadelphia Orchard Project, Lily Kesselman bei Brook Park Chickens, Tetsuya Sugimoto bei Shumei Chiba, Valerie Navarre bei Le Jardin sur le Toit, Annechien Meier, Lynn Peemoeller, Estelle Brown bei Incredible Edible, David Stanzel bei Macondo und Vic Hobson bei Mudlarks für ihre Zeit und Unterstützung bei den Fallbeispielen in diesem Buch.

Weitere Informationen zu den Fallbeispielen im ersten Kapitel dieses Buchs finden Sie unter:

Pagalino, Deutschland
www.tthannover.de/tth-projekte/pagalino-palettengarten-linden-nord/
Ecological Farm INEA, Spanien
http://ecosj-stream.ecojesuit.com/blog/tag/inea/
Sunnyfields Community Garden, Australien
www.facebook.com/SunnyfieldsCommunityGarden/
Philadelphia Orchard Project, USA
www.phillyorchards.org
Brook Park Chickens, USA
http://brookparkchickens.blogspot.co.uk
Katori City CSA, Japan
http://newfarm.rodaleinstitute.org/international/features/0204/shumei8/shumei8.shtml
Le Jardin sur le Toit, Frankreich
www.jardinons-ensemble.org/spip.php?article234
Annechien Meier, Niederlande
www.annechienmeier.nl
Lynn Peemöller, Deutschland
www.foodsystemsplanning.com/about
Incredible Edible, Großbritannien
www.incredible-edible-todmorden.co.uk
Macondo Nachbarschaftsgarten, Österreich
www.gartenpolylog.org
Mudlarks, Großbritannien
http://wordpress.mudlarksgarden.org.uk

Vielen Dank an alle meine Freunde auf der Community Farm, besonders an David für seine Ratschläge zu rechtlichen Fragen und an Andy für sein Engagement, das weit über das Pflichtpensum hinausreicht.

Vielen Dank an das CSA Network UK und die jetzigen und früheren Kollegen bei der Soil Association für ihre Anregungen und Informationen.

Vielen Dank an Ruth, die mir verlorene Abende, Wochenenden und noch mehr verzeiht.

Ben Raskin

Bildnachweis

Der Herausgeber dankt den folgenden Personen und Institutionen für die Genehmigung zum Abdruck von Bildmaterial:

Alamy/John Birdsall: 55; Stephen Chung: 65; Norma Jean **Gargasz:** 40; Ken Hawkins: 41; Paula Solloway: 92; Jim West: 30, 91o.
Marcus Busby: 2, 22, 23o, 23ur, 81o.
Jenny Campbell: 61, 70, 82.
Fotolia/feisty: 80; mahey: 42.
Getty/Alan Crawford: 91u; Eric Feferberg/Stringer: 54; Hero Images: 34–35; Gerard Julien/Staff: 45u; Karen Kasmauski: 63o; Tracey Packer: 61; Noah Seelam/Stringer: 86; Gary K Smith: 51or, 58; Kentaroo Tryman: 47; UniversalImagesGroup: 69o; Craig F. Walker: 79u; Yellow Dog Productions: 45o.
Neil Grundy: 26, 53.
Incredible Edible Todmorden Community Team: 29o, 29u, 49.
Instituto Nevares de Empresarios Agrarios: 10, 12, 13o, 13u.
iStock/constantgardener: 73u; Andrew Cribb: 77o, 78; FangXiaNuo: 36; Henfaes: 79o; jojobob: 93u; Oktay Ortakcioglu: 59; suelewjo: 69u.
Lily Kesselman: 19o, 19u.
«Mobiele Volkstuin» von Annechien Meier/Bart Benschop: 8-9; Leo v.d Kleij: 25o; Annechien Meier: 24, 25u, 50, 51ol.
Mudlarks: 33o, 33M, 33u.
CaitlinMuscat.com: 14, 15o, 15u.
Susan Nam: 75.
Lynn Peemoeller: 27ol, 27or, 27u.
Andrew Perris: 52, 87o, 87u.
Philadelphia Orchard Project: 16, 17l, 17r.
Ben Raskin: 85, 88.
Shumei Chiba Center: 21o, 21u, 43.
Shutterstock/adriaticfoto: 32; Africa Studio: 84; agrofruti: 93o; alybaba: 89; bikeriderlondon: 7; Bildagentur Zoonar GmbH: 76; Natalie Board: 81u; Irina Borsuchenko: 28; Sergii Chepulskyi: 73o; Garsya: 83o; Arina P Habich: 37; Alison Hancock: 74, 77M; Brendan Howard: 71or; David Hughes: 71uM; Imfoto: 71TL; Budimir Jevtic: 48; KaliAntye: 77u; Alice Kunze: 64; littleny: 66; Lolostock: 46; umokajlinioj: 71M, 71ur; J. Marijs: 71ul; meaofoto: 20; Ruud Morijn Photographer: 83u; Pack-Shot: 68; pixinoo: 67or; pwrmc: 71oM; Rawpixel.com: 38, 39; Venera Salman: 63u; Jeeranan Thongpan: 90; tektur: 71Ml; **Domnina Vasylina:** 62; yanami: 67ol.
Martin Sondermann: 11o, 11u, 56–57.
David Stanzel: 31o, 31u.

Wir haben uns bemüht, alle Urheberrechtsinhaber ausfindig zu machen und ihre Erlaubnis zur Verwendung von Bildmaterial einzuholen. Der Herausgeber entschuldigt sich vorsorglich für eventuelle nicht beabsichtigte Auslassungen und ist gern bereit, in künftigen Auflagen dieses Buchs Ergänzungen vorzunehmen.